# 日本のGPAトップ大学生たちはなぜ就活で楽勝できるのか？

辻　太一朗・曽和利光



星海社

198

SEIKAISHA SHINSHO

# はじめに

海外の大学生に比べて、日本の大学生はあまり勉強しません。その大きな要因に、学業での成果は企業の採用選考ではあまり評価されないことがあります。特に専門知識を問われない場合が多い文科系学生の採用では、よりその傾向があります。

実際の採用選考場面においてもＧＰＡ（大学での各科目の成績の平均）に着目しない企業が多く、面接においても学業外の行動に関しては詳しく確認するのに対し、学業での行動に関しては必ずしも確認しないことが一般的です。人事・採用担当に、総合職の採用においてＧＰＡや学業での努力に着目しない理由を聞いてみると、「学業を頑張ったからといって仕事ができるとは限らない」「ＧＰＡの高い人は真面目なだけという印象」「学業に力を入れる人は受動的な印象」という回答が返ってきます。

結果的に、大学生の中でも「大学で学業に力を入れて成績を高めても就職には関係しない」「就職活動では学業外の活動でアピールする必要がある」という認識が一般的です。特に文科系学生ではより顕著です。

では本当に「GPAが高いこと」、あるいは「学業において成果を出すこと」は企業の人事・採用から見て魅力的ではないのでしょうか？　日本の大学はいまだに企業が着目するに値するような成績評価をしていないのでしょうか？　また、学生が学業に力を入れ、GPAを高める努力をすることは就職には役立たないのでしょうか？

実は、私自身はこの数年で大学環境が大きく変化してきていると感じています。それにともなって学業で成果を上げている「GPA上位者のタイプ」も変化してきたように思います。

そこで「現在のGPA上位者はどのような学生なのか？」「彼らがGPA上位になれた理由は何か？」という実態を知りたいと考えました。そして「GPAを高める努力をすることは就職活動において有益なのか？　もし有益ならどのような効果があるのか？」を考えたいと思いました。

GPA上位者の実像を知るためには、単純なアンケート調査ではなく一人ひとりの考え・価値観・行動を人事・採用の視点から理解するために個別ヒアリングを実施することにしました。ヒアリングを実施して「真面目なだけという印象」「受動的な印象」とはまったく違うGPA上位者の実像がわかってきました。印象に残った上位者のエピソードを紹介します。

**早稲田大学文化構想学部　谷さん（仮名）　GPA3・8（学部平均2・6）**

彼女は初対面とは感じさせない、気さくで話しやすくにこやかな女性でした。大学生活での学業とそれ以外のバランスを、ふつうの学生を5：5とすると、6：4程度で過ごしています。大学では留学もしたいし、海外の人との交流を通じて語学もマスターしたいと考えて活動をしています。

大学公認の「学生によるキャンパスツアーガイド」のアルバイトをしています。これは予約された20～25人の団体に早稲田大学の中を90分間で案内するツアーで、海外からの旅行者も多く、自然と英語を話す機会を増やすことができ、給料ももらえるので続けています。そのアルバイトのネタ作りに役立つので「早稲田学の基礎」「落語鑑賞」などというようなマニアックな授業も取得しているそうです。

サークル活動は小学生の時にかじったラテン系のペア競技ダンスサークルに入って

います。そのサークルは、8割以上が海外からの留学生が占めていることも参加した理由のようです。

大学時代を通じて、語学や海外での経験、外国人との接点を積極的に探しているのは、高校時代にオーストラリアに10カ月間留学し、自分の視野が広がったことに起因しているそうです。アルバイトやサークルを楽しみながらも、自分の意図や目的に沿って、主体的に活動している印象の学生です。

1年生から授業を受けているスペイン語のレベルを上げる目的もあり、スペイン語圏のメキシコに1年間の交換留学の準備をしていました。留学費用がかからない文部科学省の「トビタテ！留学JAPAN」プログラムを使うつもりで是が非でも合格する必要があったようです。そのために、申請の半年前から準備を始めて、30人ほどの人に審査に必要な小論文の添削をお願いしたみたいです。しかし、書類不備で選考から漏れてしまった。大学2年（2018年）の9月に結果がわかったのですが、すぐに交換留学ではない私費留学を模索したようです。どうしても留学したいこともありますが、小論文の添削などに協力いただいた人にも申し訳ないという気持ちが強かったようです。でも留学費用はない。

そこで彼女は、メキシコの大学への留学ではなく、語学学校で半年程度、滞在費を含めて50万円程度で行けるところを見つけだしました。さらに費用を削減させるために、留学先の語学学校に、インターンとして働かせてもらうことで授業料を15％減額してもらうように直接交渉し、実現させました。これらの調査や交渉を二カ月程度で終了させ、2019年3月からの留学を実現させました。また交換留学ではないので早稲田大学の卒業は半年延びてしまい、留学中の大学の授業料を負担するのは難しいため休学にすることを決めたようです。彼女は2021年の9月に無事大学を卒業する予定です。

大学生活全体を意図を持って過ごし、自分自身のミスではありましたが、書類不備という結果から私費留学に切り替え、用意できる費用で行ける代替案を探し、直接交渉して留学を実現させました。

実際の面談時の動画を見ていただいた人事の方は全員、「主体性」「行動力」「修正して実現する力」、そしてそのスピードと決断の速さを絶賛していました。

もう一人紹介しましょう。

**同志社大学文化情報学部　齋藤さん（仮名）　GPA3・6（学部平均2・6）**

彼は、見るからにスポーツをやっていそうなしっかりとした体つきで、いかにも体育会という感じの礼儀正しい青年でした。小学3年生から野球漬けの生活で、高校も甲子園常連の強豪校にスポーツ推薦で入学しました。その高校の部活は、「特待生」「半特待生」「スポーツ推薦」の部員だけで構成されており、「スポーツ推薦」は一番下のランクでした。

野球部の監督は、学業もちゃんとさせる方針の方で、クラスでテストの成績が最下位になった部員にはグラウンドの草むしりを罰としてさせていたそうです。スポーツ推薦の彼は、入部当初は野球で活躍できないようでした。負けず嫌いの彼は、野球で目立てないなら、せめて学業だけでも部内で目立とうと考え、疲れて帰っても学業にも注力し、部活と学業との両立を努力して野球部内では学業の成績は1番か2番を維持しました。

そして2年生の後半にはレギュラーを勝ち取ることもできたようです。しかし、3年生に入り体を壊してしまったそうです。野球部は甲子園の出場を果たしましたが、彼は裏方としてメンバーのために活動をしました。高校3年間を学業と両立させたことで、指定校推薦で同志社大学に進学できました。

高校では成績が良かったものの、大学入学当初は、周りの学生と学力レベルの違いを痛感したそうです。絶対に単位を落としたくなかった彼は、なんとか周りの学生に追いつき負けないように、1年生の時には毎日3時間程度図書館で勉強してから家に帰ることを自分に課しました。その努力のかいあって1年生の成績は、一般受験で入ってきた学生よりも高く取ることができたようです。

入学時は一般受験で入学した学生と圧倒的な学力の差を感じた彼でしたが、努力すれば自分でも成績で勝つことができるとわかったことは大きな自信になりました。その後も平日は図書館で勉強する日課を3年間続けたのは、大学での学びが楽しくなってきたからだそうです。

課外活動では野球サークルに所属して、コンビニでのアルバイトを続けながらも、

**学業でも負けないという意思を貫いて、上位5％以内のＧＰＡを維持しました。**

彼は、「勉強が好き」どころか小学校3年生から野球漬けの生活でした。しかし常に「あきらめない」「自分ができることを努力する」という能力で自分の幅を広げてきたように思います。

紹介した二人は、皆さんの思っている「ＧＰＡ上位の人」のイメージとは違ったのではないでしょうか。

今回面談した84名の中には、このような企業の人事から見て、魅力的な素養を持った学生が数多くいました。

共同執筆している人材研究所の曽和氏と私は長年、人事・採用業務に携わっており、人事の専門家として多数の本を執筆してきました。その我々も面談を通じて、新たに発見することばかりでした。

- 各大学でのGPA上位5％の学生とはどのような学生なのか？
- なぜ企業にとっても魅力的なのか？
- GPA上位者のイメージがこの数年で変化したのはなぜなのか？
- GPA上位5％に入る学生はどのような行動をしているのか？

本書では、以上のようなポイントを踏まえて実際に一人ひとりと面談して、その面談をもとに企業の人事の視点で説明していきます。

第1章では、ヒアリング調査の概要を説明しています（執筆：安藤）。

第2章では、GPA上位者に共通した資質はどういうものなのか解説しています（執筆：辻）。

第3章では、ヒアリングした84名がなぜGPA上位5％に入ることができたのか？　どのような特性を持っているのか？　を8つの特性に分け、詳しく分析しています（執筆：辻）。

第4章では、大学の変化によってGPAが企業の採用選考において参考になる重要情報になった理由について述べています（執筆：曽和）。

第5章・第6章では、企業人事・採用の立場からもGPAに着目する必要性を説明しています。第5章において、GPA上位者が企業の欲しがる人材であるにもかかわらず、採用担当者がそれを見抜けないことがある理由と対策について述べています。また第6章では、大学教育が大きく変化した現在において、GPAが低いことに注意を払わないことの危険性について述べています（執筆：曽和）。

第7章では、ヒアリングでわかったGPA上位者が行っている「就職面接でそのまま使える学業法」と「面接で役立つような学業での行動」を説明しています（執筆：辻）。

第8章では、曽和氏と辻の対談です。人事の専門家として今回のヒアリングで改めて発見できたことなど、さまざまな気づきについて話しています（執筆：安藤）。


本書は、現在の大学生、これから大学へ行く学生やその親御さん、あるいは企業で人事や採用に関わっておられる皆さんにぜひお読みいただきたいと考えています。それぞれの皆さんに大いに参考になると自信を持っております。

**辻　太一朗**

## 目次

はじめに　3

第1章　GPA上位5%　84名に聞いてみました　31

第1節　GPAという成績評価方法　33

GPAとは？　～定義と日本での使われ方～　33

海外におけるGPAの扱い　38

第2節　GPA上位5%の学生たちへインタビュー　42

インタビュー協力者　42

対象大学・学部のGPA平均・下位5%・上位5% 43
インタビューの方法 49
インタビューで聞いたこと 52
「履修情報データ」の取り扱いにおける社会的責任 54

第2章 インタビューでわかった共通の資質 59

第1節 インタビューでわかったGPA上位5%とは？ 61
GPA上位5%にガリ勉はいなくなった 61
共通は「サボり癖がない」 63
第2節 適性検査「ミキワメ」からわかったこと 66

適性検査「ミキワメ」での検証 66
適性検査クラウド「ミキワメ」とは？ 67
GPA上位者のタイプには特徴がない？ 69
第3節 インタビューと適性検査の融合でわかった事実 79
サボり癖のないことが検査からも証明された 79
サボり癖のないことのすごさ 81
**第2章 まとめ** 83

## 第3章 なぜGPA上位5%に入ることができるのか？

なぜGPA上位5%に入ることができるのか？ 85
第1節 特性1 目的を達成できる計画を立て、長期的に実行できる 87
現在の大学環境① 91

実はGPAが高いと実利的メリットがある 91
**適性検査「ミキワメ」からわかる特性①** 94
**上位5%になれる人の特性および企業人事視点での魅力①** 96
具体的な数値を目指すからGPAが高くなる 96
目的志向が強くて、GPA上位を狙える人が頑張る 97
将来の可能性のために準備する努力ができる人 98
**第1節 まとめ** 99

## 第2節 特性2 知的好奇心の高さ、「学び」への期待の高さ 100

現在の大学環境② 104
大学の授業内容の変化と選択の自由度の広がり 104
ディスカッション、グループワーク等の授業の進め方の多様化 106
**適性検査「ミキワメ」からわかる特性②** 108
**上位5%になれる人の特性および企業人事視点での魅力②** 109

興味から自分なりの思考で深め、広げる力がある 109
興味から具体的な行動を起こせる人 111
学び続ける必要性の高い社会において活躍できる人材 112
第2節 まとめ 114

第3節 特性3 責任感、当事者意識の高さ 115

現在の大学環境③ 118
適性検査「ミキワメ」からわかる特性③ 119
上位5%になれる人の特性および企業人事視点での魅力③ 120
自分のことと捉えられる当事者意識がある 120
第3節 まとめ 122

第4節 特性4 負けず嫌いで悔しいから 123

現在の大学環境④ 127
**適性検査「ミキワメ」からわかる特性④** 129
**上位5％になれる人の特性および企業人事視点での魅力④** 130
持続的な努力のできる負けず嫌いは必ず伸びる 130
負けず嫌いは納得する水準があるから良い 132
能力を伸ばす負けず嫌いのタイプ 133
**第4節 まとめ** 134

**第5節 特性5 地頭が良くて人より時間がいらない** 135

現在の大学環境⑤ 140
〈真面目なら良い成績が取れるテスト〉と〈真面目なだけでは良い成績は取れないテスト〉 140
瞬発的な対応力が試される評価方法 143
コロナ禍での授業形態・評価方法 144

適性検査「ミキワメ」からわかる特性⑤　145
上位5%になれる人の特性および企業人事視点での魅力⑤　146
「頭の良さ」＋効率的な行動がGPAを高めている　146
面接で地頭が良いと感じられる人とは　147
採用面接で「地頭が良い」と感じる人の学業行動　149
第5節　まとめ　150

第6節　特性6　継続的に真面目に努力できる　151

現在の大学環境⑥　156
適性検査「ミキワメ」からわかる特性⑥　158
上位5%になれる人の特性および企業人事視点での魅力⑥　160
徹底して「真面目にできる」ことは才能になる　160
真面目に努力できることはきわめて重要、でも面接でわかりにくい　161
第6節　まとめ　163

第7節 特性7 エネルギーレベルが高い 164
現在の大学環境⑦ 168
適性検査「ミキワメ」からわかる特性⑦ 170
上位5%になれる人の特性および企業人事視点での魅力⑦ 172
GPA上位5%にはエネルギー量の多い人が多い 172
エネルギッシュな人とエネルギーのある人の違い 173
第7節 まとめ 174
第8節 特性8 もったいない 無駄にしたくない 175
現在の大学環境⑧ 179
適性検査「ミキワメ」からわかる特性⑧ 180
上位5%になれる人の特性および企業人事視点での魅力⑧ 182
「考えてみれば当たり前」で行動できる強さ 182

感情に流されず行動できる人の重要性 183
第8節 まとめ 184
第2章・第3章の総括 185

# 第4章 大学の変化によってGPAの表す資質が変化した

GPAは採用の参考になる 187
第1節 大学の「シラバス厳格化」によって、学業は避けられない環境に変化した 189
成績の良い人は「勉強ばかりしている人」という偏見 189
大学教育改革「シラバス厳格化」とは 190
その結果、学生はふつうに授業に出るようになっている 192

第2節 授業の多様化、授業選択の自由化によって、価値観、将来への期待などの個人の個性が履修活動に出るようになってきた 194
社会における高業績者にはどんな特徴があるか 194
高業績者の一つの特徴、「仕事を楽しめる」 196
学業の成果から「義務」に対する姿勢がわかる 197
授業改革により、履修活動に個人の価値観、行動特性が表れるようになった 199
第3節 評価の多様化、厳格化によって多様な知的能力が成績に表れるようになってきた 201
これまでは単位を取ることは比較的簡単だった 201
現在では単位取得や良い成績を取ることの難度が上がった 202
記憶力だけで高成績が取れなくなっている 203
企業が採用選考時に基準としている資質とは 204

採用面接官は、もっと学業について聞こう 205

## 第4節 GPAとは、「環境の捉え方」×「持続的行動」×「知的能力」の結果である 206

履修履歴やその成果であるGPAからわかること 206
GPAは採用時の参考情報として適している 209
**第4章 まとめ** 211

# 第5章 GPA上位者の良さを見落としている企業の採用

日本企業の選考手法の主流、「面接」の落とし穴 213

第1節　実は精度が低い日本企業の採用面接　215
「面接至上主義」の崩壊　215
面接の精度を下げる「心理的バイアス」　218
第2節　面接で重視されているコミュニケーション能力の正体　223
曖昧で多義的な「コミュニケーション能力」　223
面接において測っているのはどんなコミュニケーション能力か　224
しかも、面接では必ずしも知的能力が評価されない　225
「知的」なコミュニケーション能力を面接で測るのは難しい　227
第3節　GPA上位者は学業での行動を自己PRや「ガクチカ」で伝えない　229

面接での最頻出質問、「ガクチカ」の問題点 229
「ガクチカ」で、せっかく頑張った学業の話をする人は少ない 230
面接官が学業での思考・行動に強い関心を持たないと聞き出せない 232

第4節 「GPA上位者を狙う」という採用戦略 234
採用戦略の基本は「ブルーオーシャン」を狙う 234
「GPA上位者」という「ブルーオーシャン」 236
「見つけやすい」のに「ブルーオーシャン」である属性は珍しい 237
**第5章 まとめ** 238

## 第6章 GPAによって入社後のミスマッチも防げる

GPAの「低さ」の背景を知ることも重要 241

第1節 入社後の「期待外れ」はなぜ起こるのか 243
何十年も続く「3年で3割の新卒者が離職」する事実 243
原因と考えられるのは「リアリティ・ショック」 244
学業に力を入れている人は「リアリティ・ショック」が少ない 245
「やりたいこと決定層」は学業、「未決定層」は趣味・クラブ・アルバイト 246
第2節 「好きなことを頑張れる」はどこまで評価すべきか 248
「好きになれること」自体は高評価できる 248
問題は、好きなこと「しか」頑張れないこと 249
どんな仕事にもたくさんある「嫌なこと」を頑張れるか 250
第3節 GPAが低い人に対して問うべきこと 252

GPAが低いことを見逃してはいけない 252
GPAが「低い」とは 253
GPAが低い理由を聞くのはそれだけでプレッシャーであることに注意 254
相手にストレスをかけずに「GPA低得点理由」を聞く 256
徐々に原因となりそうなことを確認していく 258
「GPAが低い」ことを挽回できるチャンスの質問もする 259
聞きにくいことも聞く。言いにくいことも言う 261
**第6章 まとめ** 262

# 第7章 「就職力」を伸ばす 大学・授業の活かし方

84名のヒアリングからわかった授業の活用術 265
第1節 **「自己PR」「ガクチカ」で使える学業方法** 267

学業の行動を実際の面接で使う方法（学業外活動に学業を付け加える） 267
意図をもって学業に臨むことで就活に使えるようになる 270
就活で使える学業法1 具体的な目標を持つ 272
就活で使える学業法2 計画を立てる 273
就活で使える学業法3 効率を高める（時間効率を気にする行動） 274
就活で使える学業法4 興味ある分野を深め、広げる 276
就活で使える学業法5 日常の行動に意図を持つ 277
第2節 地頭を鍛えられる授業での行動 279
地頭を良くする勉強法1 授業内容の理解＋「考える」に頭を使う 280
地頭を良くする勉強法2 授業中に理解することにこだわる 285
地頭を良くする勉強法3 授業中に他の授業の宿題をする 286
地頭を良くする勉強法4 先生の意図や思いを想像する 287
地頭を良くする勉強法5 授業後の先生への質問にこだわる 290
地頭を良くする勉強法6 論述試験の評価にこだわる 291

地頭を良くする勉強法7　ディスカッションにこだわる　292

第7章　まとめ　293

# 第8章　GPAは採用選考で活用すべき（辻・曽和対談）　295

通常の面接ではGPA上位者の良さを発見できない　297
企業が優秀な人を見逃す理由　298
今の学生と自分の大学時代を比較する人事のおかしさ　300
すべてを本人の口頭説明、伝聞のみで判断する面接のこわさ　302
面接官は事実を真摯に受け止めて、そこから探る　303
ベテラン面接官ほど固定観念で判断してしまう　304
面接はコミュ力に過剰に影響されている　307
「ガクチカ」は昭和・平成の質問であり、令和に合わない　309
「ガクチカ」は1つではない　310

行くべき大学、行ってもあまり意味がない大学がある　312
時代に合わせた大学、旧態依然のままの大学　314
面接で把握できるレベルの知的能力、地頭　316
「何を教えるか」と「その結果がどうだったか」はセットであるべき　320
評価を真剣に考えるようになる相対評価　321
指導し、評価し、フィードバックすることは相即不離の関係　323
最後に：就活において学業をどうアピールすべきか　326

**おわりに**　328

# 第1章

# GPA上位5%84名に聞いてみました

「はじめに」で触れた通り、今回私たちは大学でGPAの高い学生にはどのような特徴があり、具体的にどのような資質を持っているのか、ということについて調査するため、GPA上位5%に入る84名の学生たちにインタビューを実施しました。

本章では、そもそも「GPAとは何か?」について触れたうえで、GPA制度についての、日本および諸外国における取り扱いの違いなどについても簡単に押さえておこうと思います。GPA制度と一口にいっても、実は日本と海外ではかなり運用のされ方が異なります。次に、今回のインタビューではどういった基準で対象者を絞ったか、またどんなメンバーがどういった趣旨でGPA上位5%の学生たちへヒアリングしたのか説明します。

最後に、GPA上位5%の学生たちへインタビュー協力を募るにあたって使用した履修履歴データベースとは何か、およびGPAを始めとした履修データの取り扱い方針について筆者らの考えを述べておきます。

# 第1節 GPAという成績評価方法

## GPAとは？ ～定義と日本での使われ方～

GPA制度とは、現在アメリカを中心に世界各国で普及している、学生の成績評価を行う仕組みのことです。「GPA●・●」というようにその学生の成績評価を示す指標としても使用されています。

GPA制度では、各履修科目の成績を5段階程度（S、A、B、C、Dなど）で評価し、それぞれに対して、4、3、2、1、0のように「Grade Point（GP）」と呼ばれるポイントを付与して、単位当たりの平均「Grade Point Average（GPA）」を算出します。これが先ほどのような「GPA●・●」といった個人のGPA得点となります。

なおGPAは、小数点第2位を四捨五入し、小数点第1位（●・●）までで表されることが一般的です。**（表1）**

評価の段階数（S〜Dなど）や、各評価における得点範囲（100点〜90点など）、評価に応じて与えられるGPの大きさは、大学によってそれぞれ異なります。なお、得点がD（60点未満）だった場合以外にも、期末テストなどの試験を欠席した場合や、そもそも授業を2／3以上欠席するなど出席回数不足のため試験の受験資格が失われた場合は、GPは0になるのが一般的です。ちなみに、一度不合格となった科目を再履修した場合は、最終的なGPは再履修後の成績が反映されることが多いです。つまり一定の取り返しはつくようになっています。

なぜこのようなGPA制度が普及したかというと、日本において高校まではすべての学生が同じ教科・科目を履修するため、単純に成績を比較することが

| 合　否 | 合　格（単位取得できる） | | | | 不合格（単位取得なし） | | |
|---|---|---|---|---|---|---|---|
| 評価等級 | S | A | B | C | D | 試験欠席 | 受験不可 |
| 得　点 | 100点〜90点 | 89点〜80点 | 79点〜70点 | 69点〜60点 | 60点未満 | - | - |
| G　P | 4 | 3 | 2 | 1 | 0 | | |

表1　成績算出の一例

$$\frac{\text{在学全期間において履修登録した科目の（単位数×各科目のGP）の合計}}{\text{在学全期間において履修登録した科目の総単位数}}$$

GPAの算出方法

できました。一方、大学においては、学科の教養科目や専門科目、自由選択科目など、個々の学生の所属する学部学科や目標に応じて、履修する科目を選択する自由度が非常に高いため、異なる科目を履修したそれぞれの学生を単純比較することができません。それを解決するのが、個々の学生の単位当たりの加重平均を算出するGPAというわけです。またGPAは、以前より日本の大学で問題視されていた大学生の学力低下に歯止めをかける重要なファクターであるともいえます。というのも、今後求められる大学教育においては従来の「学びの量（取得単位数の多さ）」だけでなく、「学びの質（成績の高さ）」を高めていく必要がある中で、GPAがこの「学びの質」を端的に測る指標となるためです。

実際にGPAが進級条件、卒業条件として使用される場合があります。たとえば卒業までに124単位以上取得しなければならないなどの卒業要件単位数に加えて、成績がGPA2・0以上でないといけない、などが挙げられます。また進級条件として、たとえばGPA1・5以下である場合は留年となったり、休学扱い、最悪の場合は退学勧告となったりする場合もあります。

その他、GPAは、留学時の認定基準、奨学金の給付基準、ゼミや演習科目への選考基準としても使用されています。

ちなみに、大学によっては１学期に履修登録できる単位数に上限を設けている場合がありますが（履修単位のキャップ制）、ＧＰＡが一定以上の高さ（３・０以上など）の場合は、そのキャップが外れて上限以上の単位を履修し、より多くの科目を学ぶことができるケースもあります。ＧＰＡ制度はこういった大学におけるさまざまな学びの機会に活用されているのです。

文部科学省によると、ＧＰＡ制度を導入している日本の大学は２００８年時点では全体の約46％に過ぎませんでしたが、直近２０１８年には実に95％もの大学が導入しており、２０１０年代以降、日本においても急速にＧＰＡ制度が普及していったことがわかります。

**（図1）**

しかし、どうやら日本の大学でＧＰＡ制度が導入された始まりは古く、アメリカの大学のＧＰＡ制度に学

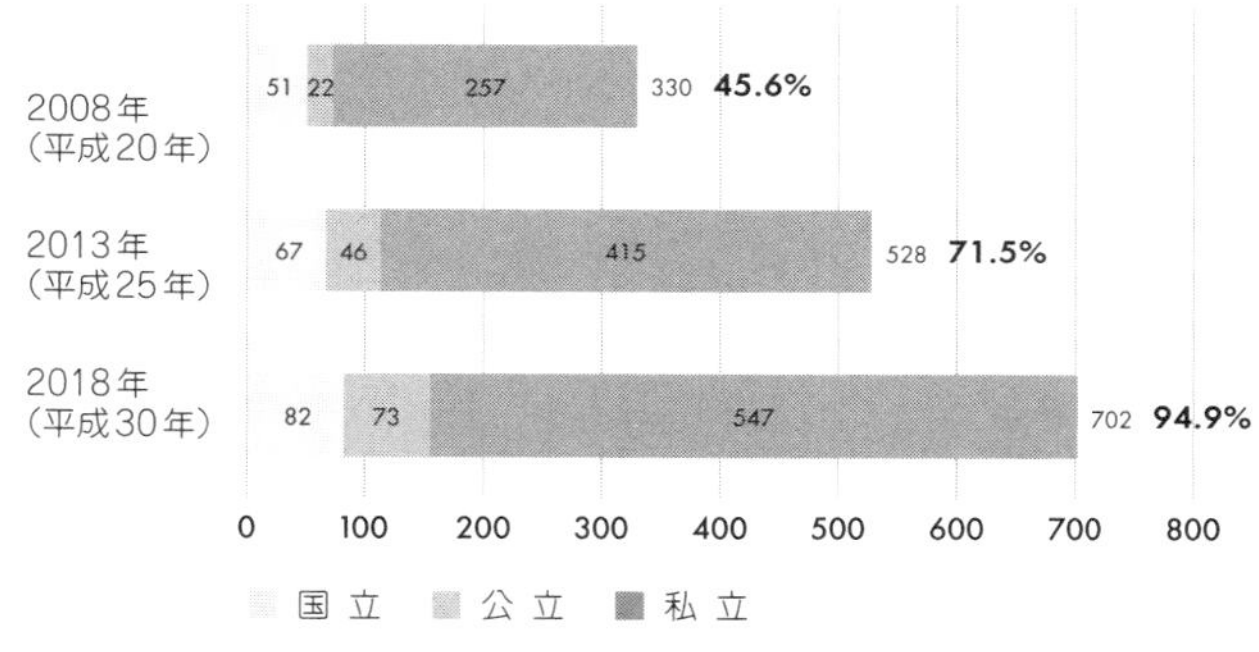


図１　GPA制度を導入している大学
（文部科学省『大学における教育内容等の改革状況について』を参考に作成）

んで一部の大学では今から半世紀ほど前から利用されていた歴史があるようです。[*1]
そして近年のいわゆる「大学全入時代」を迎え、学生が多様化し、学力低下が問題視される状況、そして各大学の経営環境の悪化などにともなって、大学の新しい社会的責任や機能を考えなければならない状況となり、これを解決する手段の一つとしてGPA制度が注目されました。それまで粗く、比較的曖昧であった成績評価制度に説明力と有効な学修統御力（学修を推進する力）を持つ指標であったからです。またGPA制度は日本においてもともと普及していた100点満点での成績評価や「優、良、可」などの段階評価など従来の方法の基本的なあり方を維持したうえでの運用が可能だったこともあり、導入障壁の低さから制度導入が一気に進んだといわれています。[*2]
一方で、GPAは学校・学部によってそれぞれ平均値が大きく異なるため、学校や学部が異なる学生のGPAを数値の高低のみで単純に比較することには注意が必要です。
そのため今回のインタビューにあたっては、全学校・全学部をごちゃまぜにして、その中で上位5%を算出するのではなく、それぞれの学生が在籍する学部内でのGPA上位5%を算出しています。
また、たとえ同じ学校・学部においても、教員によって各授業の難易度が異なることから、このGPの評価基準を目線合わせしていくことが今後のGPA制度の課題の一つといえるでしょう。

## 海外におけるGPAの扱い

世界に目を向けてみると、実はGPA制度の導入割合や、評価段階数（A、B、C～など）、GP（4・0～1・0など）は地域によって大きく違いがあるようです。ちなみに、日本では、評価段階数は5段階、GPは最高4・0が主流です。

では、世界各国のGPA制度はどのような状況なのでしょうか？　GPA制度に関する国際比較調査の結果から見ていきましょう。[*3]

まずGPA制度が最初に発達したアメリカについてです。アメリカの大学では成績評価制度としてすでにGPA制度が一般化しています。そもそも、アメリカで最初にGPA制度が発達した背景としては、多国籍な留学生の受け入れと幅広い文化的バックグラウンドを持つ国民全体に大学入学の間口を広げたことで、誰にでも平等で明快な成績評価基準が必要となったためです。ちなみに、アメリカでは、GPA制度を導入している57％の大学において評価段階数が10段階以上あり、A＋、B－など細かく刻んでいることが多いです。

また、日本の大学でおなじみの最高等級「S」や「AA」といった評価は、本国アメリカではほぼなく、A、B、C、D、F（またはE）が通例です。またGPの最大値も、日本のように4・0である場合だけでなく、4・0以上の値をあてている大学も存在します。たとえばマサチューセッツ工科大学（MIT）は最大GPが5・0です。米国アマゾン（Amazon.com）の元・CEOジェフ・ベゾスは名門プリンストン大学卒業時のGPAが4・2だったといわれており、4・0を最高値と考える日本人からするとギョッとする数値ですが、こうした両国の制度の細かな違いがあるのです。もちろんジェフ・ベゾスのGPAはそれでも驚異的な数字であり、彼は同大学を首席で卒業しています。

次にアジア諸国ですが、アジア全体で約90％の大学がGPA制度を導入しているという結果が出ています。ちなみにこの調査結果には日本の状況は含まれていません。調査が行われたのが2009年であるため、先に述べた日本の2008年時点での導入率が約46％という結果を踏まえると、日本以外のアジア諸国では日本よりかなり先にGPA導入が進んでいることがわかります。ちなみにアジアの国々の評価段階数は、約半数の大学が7〜9段階を取っているようです。また日本ではおなじみの最大4・0のGPですが、日本以外のアジア全体ではGPを最大値4・0に設定している大学は約半分（48・7％）に留まっています。たとえばインドでは、GPは10を最大値にしている大学がほとんどのようです。

最後にヨーロッパについても見ておきましょう。実は、ヨーロッパの大学ではGPA制度の導入が約2割に留まっています。その代わりに広く導入されているのが、ECTS(European Credit Transfer and Accumulation System: ヨーロッパ単位互換制度)です。

ECTSとは、ヨーロッパ各国(主にEU圏)で共通に使用されている大学の単位制度のことです。たとえばドイツの大学の学生が、ハンガリーの大学に交換留学して現地で40単位(40ECTSと呼ばれます)取得した場合、帰国後、もとの大学の単位にそのまま合算することができます。ECTSはこのように、もともとヨーロッパの大学間交流を活発化し、ヨーロッパ全体で教育レベルを高めていこうという背景があるため、別の新たな制度であるGPA制度の参入が進んでいないのではないかと思われます。

いかがでしょうか。このように一言でGPA制度といっても、地域や大学によって大きく運用のされ方が異なるため、海外大学への留学時などに行き先の大学の基準に沿って自分のGPAを計算してみると、日本の大学でのものと数値が変わってしまうことや、そもそもGPAの数値の高低だけでは、グローバルでの学生の成績比較が難しいという課題があるのです（GPAの互換性の問題）。

最後に、興味深いのが評価段階数やGPは各地域、大学によって大きく違うものの、GPAの算出方法は、日本で使われているもの「(履修科目のGP×その科目の単位数）の合計／履修総単位数」が世界でほぼ共通しているということです。

## 第２節

# ＧＰＡ上位５％の学生たちへインタビュー

### インタビュー協力者

今回、私たちはＧＰＡ上位５％の学生たちに特徴的な資質を見つけるため、履修履歴データベース（「「履修情報データ」の取り扱いにおける社会的責任」参照）に登録している学生から募集し、協力してくれた計84名の学生へインタビューを行いました。

その際、対象者は私立大学の文系学部に絞り、学校群は特にデータ登録数の多い早慶上智～ＧＭＡＲＣＨ・関関同立の学生たちに協力いただくこととなりました。

またなぜ文系か、というと、理系学部の学生はもともと全員が学業に力を入れざるを得ない（文系に比べて実験や実習、研究活動が多く、必然的に学業に相当数の時間をとられる）ため、そこでのＧＰＡの高さは能力の高さに近いと考えられます。一方で、文系学部においては、たとえば単位取得だけを目的とするのであれば、毎回の授業に出ていなくとも期末レポートを一度提出するだけで、最低限の単位が取れる授業もあるなど、全員が力を入れることが必須ではありません。そのような環境においてもＧＰＡが高い学生は、そうでない学生と比較して能力以外の違い（資質）が確認しやすいと仮定し、文系を対象としました。

また文系学部の中でも、卒業後の進路として民間企業への就職を考えている可能性がより高い経済学部・法学部の学生を中心に選びました。

**対象大学・学部のGPA平均・下位5%・上位5%**

今回インタビューした学生たちの大学・学部のＧＰＡ分布図を一部紹介します。

※本書で記載されているＧＰＡは、履修履歴データベースに登録されたデータから算出しています。また大学・学部のＧＰＡ平均等は履修履歴データベースに登録された２０２１年卒学生の登録データより独自に算出しています（２０２１年2月時点データ）。

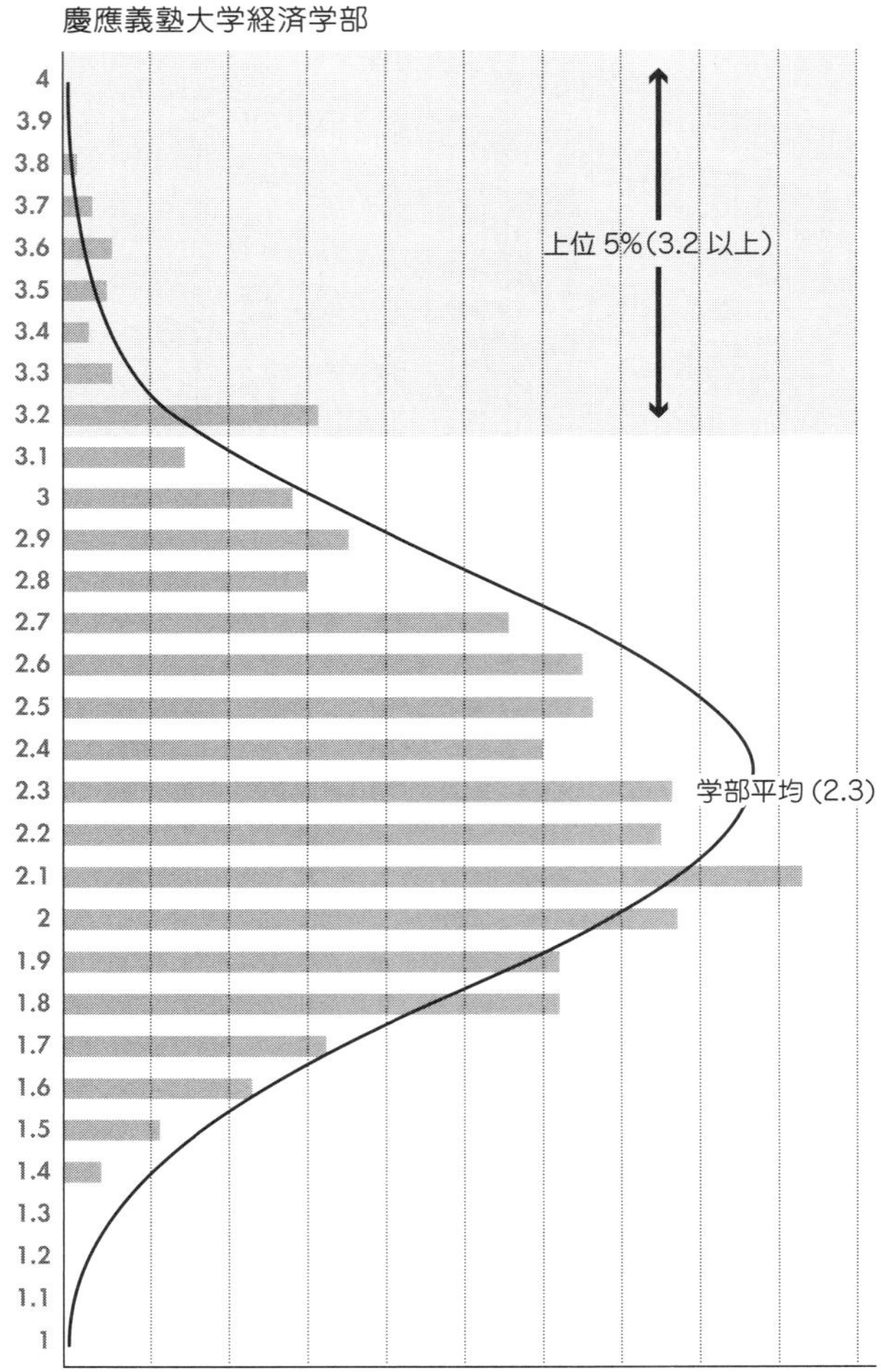


図2　GPA分布図:慶應義塾大学経済学部

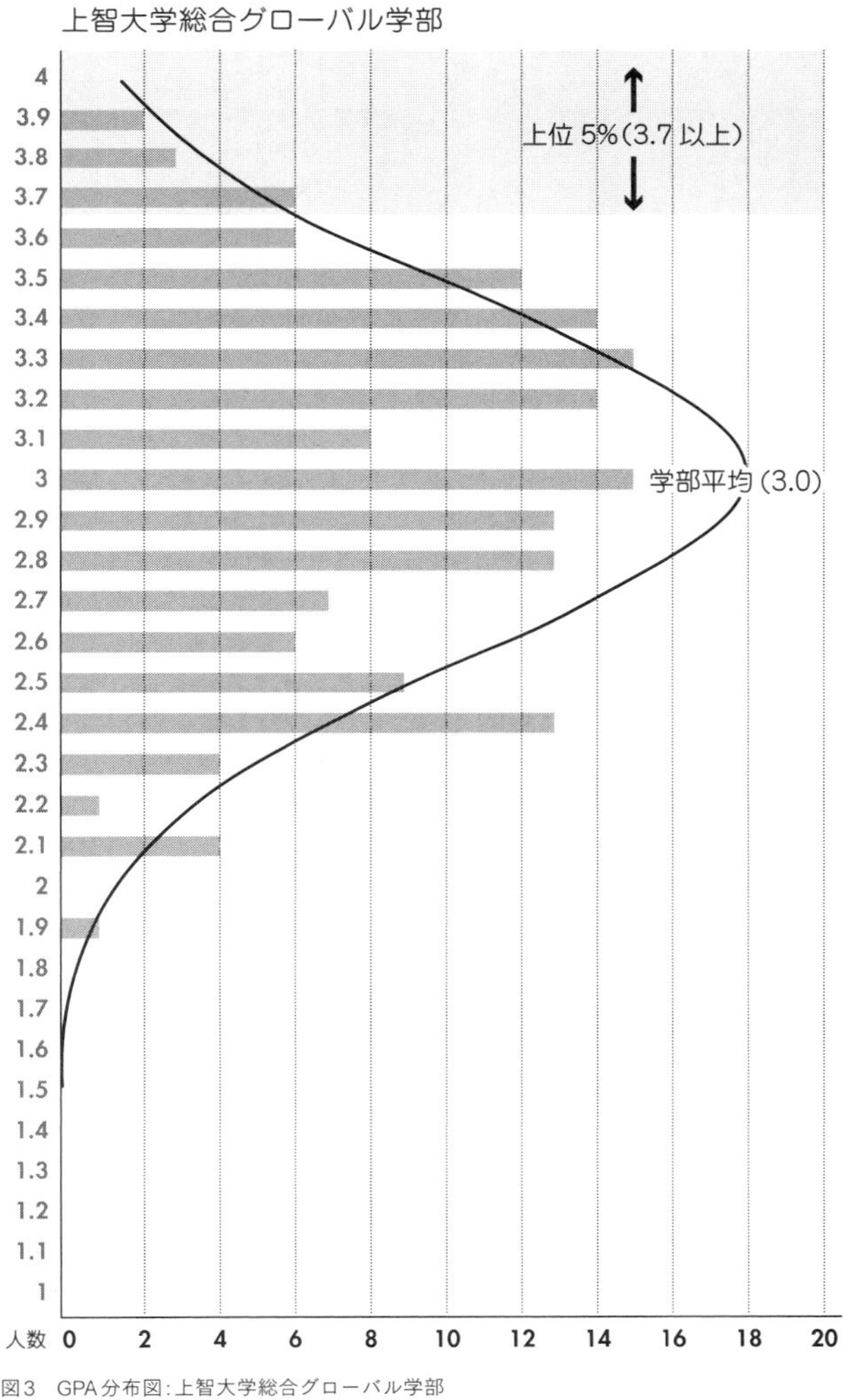


図3　GPA 分布図：上智大学総合グローバル学部

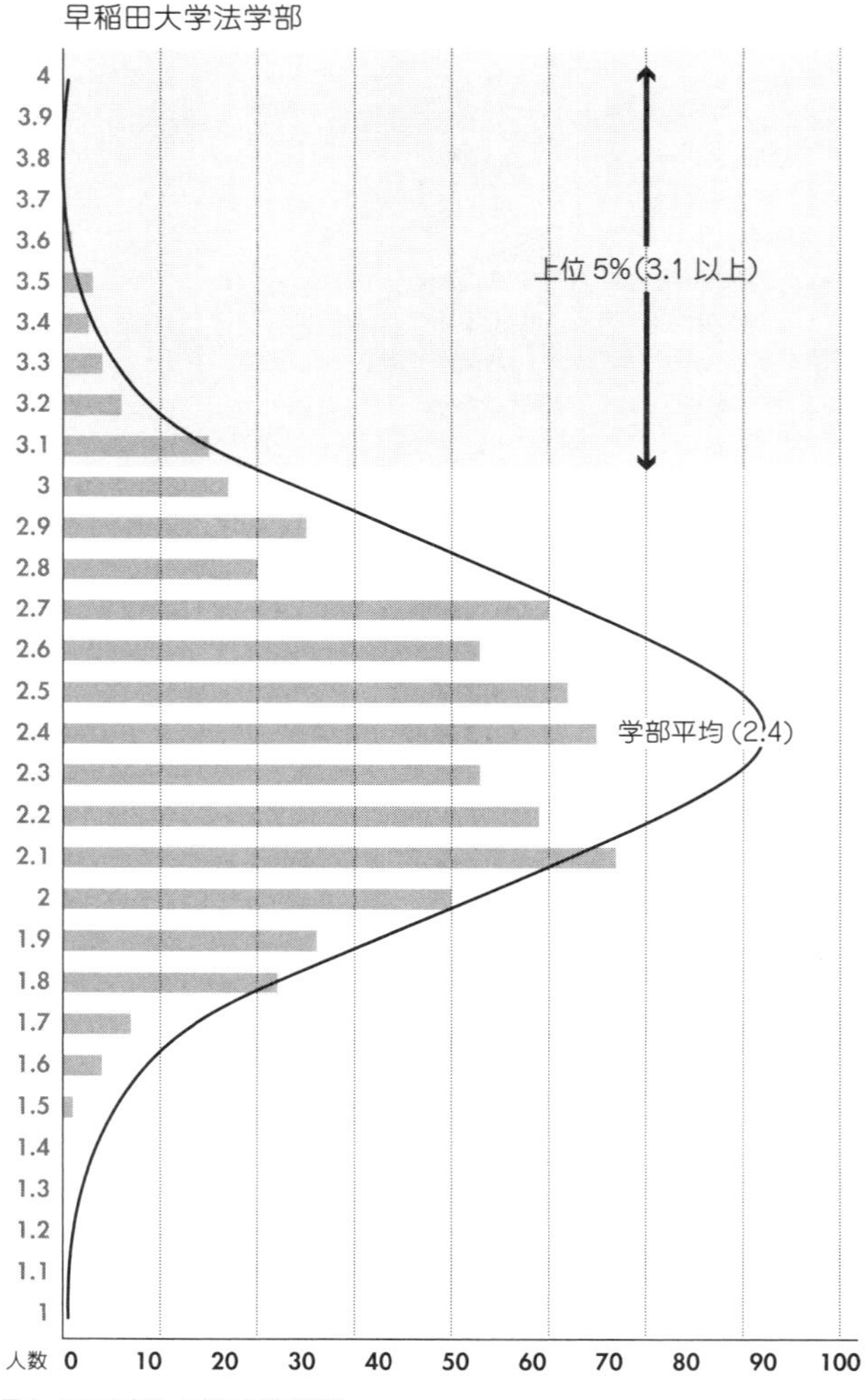


図4　GPA 分布図: 早稲田大学法学部

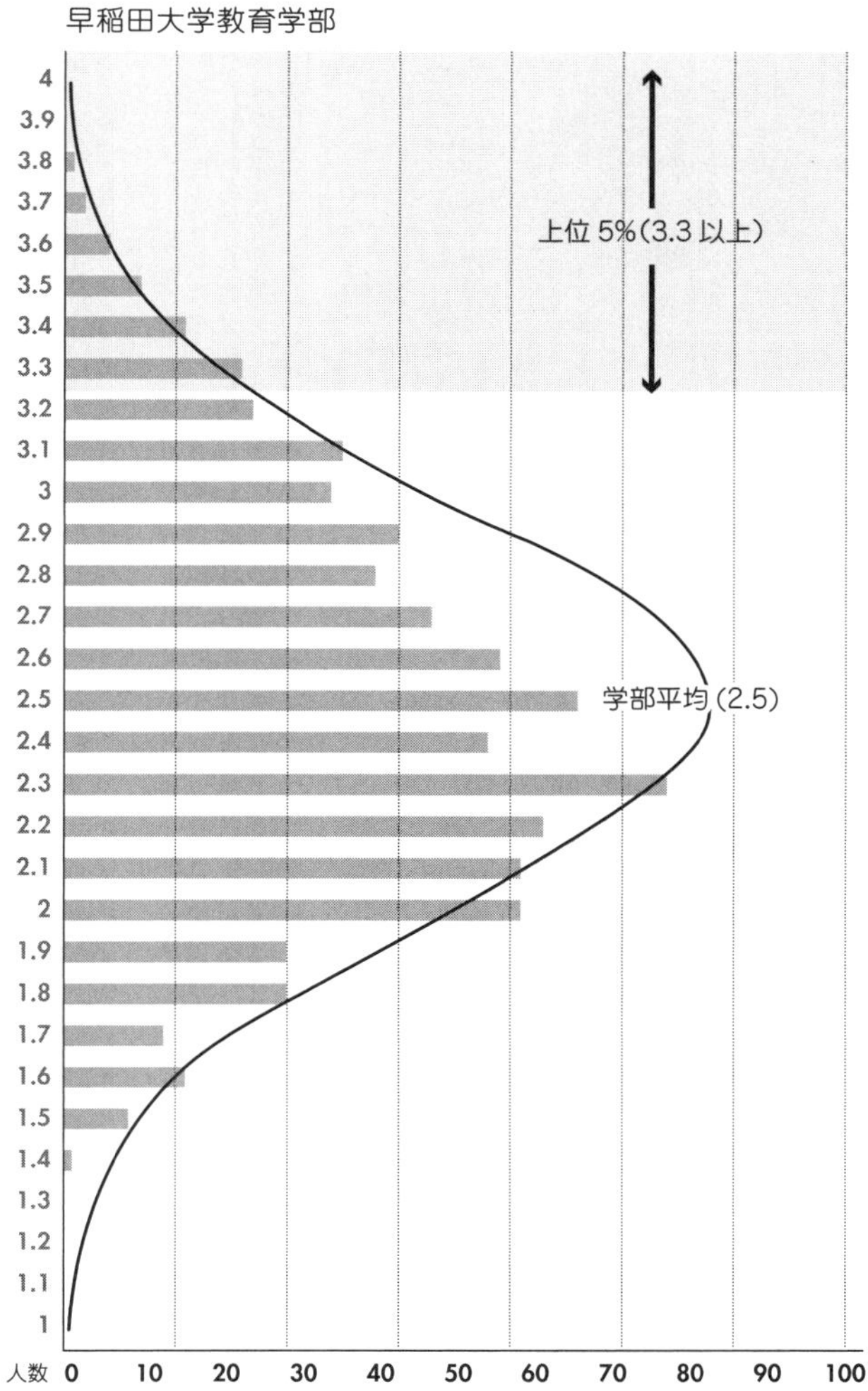


図5　GPA 分布図：早稲田大学教育学部

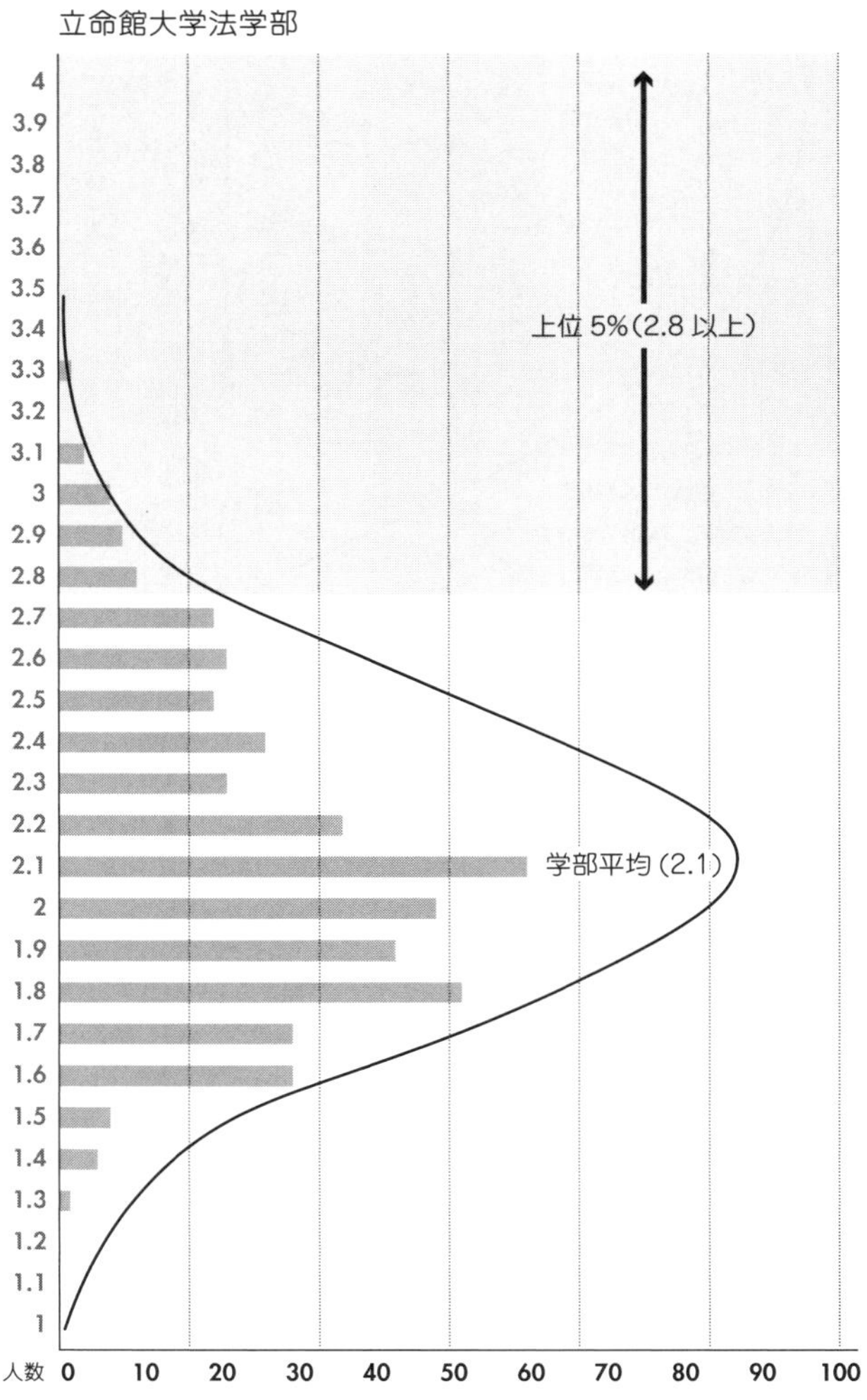


図6　GPA分布図:立命館大学法学部

図の早稲田大学法学部（図4）と立命館大学法学部（図6）でGPA平均値、上位5％の値が異なるように、たとえ学部が同じでも大学が違えばGPAの平均値、上位5％が大きく異なります。また同じ大学であっても、たとえば早稲田大学法学部と教育学部（図5）では、GPA平均値、上位5％の値が異なりますので、学部によってこのようにGPAに差があることがわかるでしょう。ちなみに今回インタビューした大学学部の中で最もGPA平均値、上位5％の値が高かった大学学部の一つとして、上智大学総合グローバル学部（図3）のGPA平均値は3・0、上位5％は3・7もありました。しかし、いずれの学生も、GPAが非常に高く、学部平均よりも大きく離れていることがわかります。

## インタビューの方法

1人の学生に対し、1人のインタビュアーで行う面談形式をとりました。すべてのインタビューをオンライン上（Zoom（ズーム））で行い、所要時間は最大1時間程度で実施しました。

また今回のインタビューに加えて、定量的な観点から成績上位学生に共通する性格特性がないかを確認するため、別途、適性検査「ミキワメ」（リーディングマーク提供）を受検してもらい、定量分析を行いました。こちらの分析にあたっては、同社の組織心理研究所・所長の佐藤映さんにご協力いただきました。

**インタビュアー**

インタビュアーとしては、これまで企業の人事・採用活動に深く携わってきた筆者ら3名が担当しました。

**辻　太一朗**（履修データセンター　代表取締役）・・・インタビュー56名を担当。

**キャリア** 京都大学工学部卒業。リクルートで全国採用責任者として活躍後、1999年アイジャスト創業。2006年リンクアンドモチベーションと資本統合、同社取締役に就任。2011年、NPO法人「大学教育と就職活動のねじれを直し、大学生の就業力を向上させる会（略称DSS）」設立。2014年大学成績センター設立。

**曽和利光**（人材研究所　代表取締役社長）・・・インタビュー11名を担当。

**キャリア** 京都大学教育学部教育心理学科卒業。リクルート人事部ゼネラルマネージャー、ライフネット生命保険総務部長、オープンハウス組織開発本部長と、人事・採用部門の責任者を務め、主に採用・教育・組織開発の分野で実務やコンサルティングを経験。人事歴約20年、これまでに面接した人数は2万人以上。

**安藤　健**（人材研究所　シニアコンサルタント）・・・インタビュー17名を担当。

**キャリア** 青山学院大学教育人間科学部心理学科卒業。新卒で人材研究所に入社。これまでに大手企業での新卒・中途採用の外部面接業務や採用コンサルティングなどを幅広く手掛ける。2021年7月時点、日経ビジネスにて人事・マネジメント系コラム「安藤健の人事解体論」を連載中。

## インタビューで聞いたこと

インタビューの目的は、「なぜ彼らはGPA上位5％に入っているのか？」「他の人と何が違うのか？」「人事の視点から判断して、彼らには就業力として発揮できるどのような特徴や魅力があるのか？」を見つけることです。

そのために具体的なヒアリングの内容は、履修選択の方法、普段の授業の受け方、予習復習の方法、テスト勉強の仕方など、学業での活動で実際にどのようなことに気をつけて行動していたか、意識していたかを普段採用面接を行っている人事の目線で質問し、そこからさまざまな特徴をあぶりだしていきました。

彼らはGPA上位5％の成績優秀者であるだけでなく、同時に22卒就活生でもあったため、ちょうどインタビューの時期と就活採用選考の時期とが被っていたのですが、通常の採用側と採用される側という力関係を超えて、ざっくばらんに本音ベースでいろいろなことを語ってくれています。実際、学業のことだけでなく、就活では自己PRや「ガクチカ」(学生時代、力を入れたこと)としてどのようなエピソードを話しているのかなども聞きつつ、人事の立場から就活の悩み相談にも乗っていました。

詳しくは第2章で後述しますが、学生たちに学業における行動や意識していることを詳しく聞いていくと、どの学生も就業力として高い資質を持っていることがわかります。
しかし一方で、そんな学生たちの中にも残念ながら就活がうまくいっていないと嘆く（なかなか面接で合格しない）方も何人かおり、現状では、企業側が新卒採用面接において学業での行動や成果についてこれまであまり着目してこなかった経緯もあって、こういった学生たちの資質を正確に評価できていないのではないか、という課題点も浮き彫りになりました。

**安藤 健**

＊1 絹川正吉（2002）、大学教育の品質保持管理——単位制とGPA、高等教育情報センター編 2003 成績評価の厳格化と学習支援システム、地域科学研究会
＊2 半田智久（2008）、GPA制度の研究 第九版、静岡大学大学教育センター企画・マネジメント部門
＊3 半田智久（2011）、GPA制度に関する国際研究調査、高等教育研究 第14集

# 「履修情報データ」の取り扱いにおける社会的責任

## 履修履歴データベースとは

履修履歴データベース（以下「履修ＤＢ」）は、新卒採用面接において、学業での行動や成果に着目しやすくすることを目的に２０１５年卒採用から開始されたサービスです。２０２１年卒採用では４４０社の企業が利用しており、21卒生の登録数は約16万人になっています。

運営している履修データセンターはＮＰＯ法人「大学教育と就職活動のねじれを直し、大学生の就業力を向上させる会」（略称ＤＳＳ）の活動推進のために作られた会社です。

ＮＰＯ法人ＤＳＳは、採用選考において学業活動・成果への注目を高めることの重要性を啓蒙しています。それによって、学業にも力を入れる大学生が増加し、「学び」の社会的意義が高まることを目的にしています。NPO法人でのサービス提供が困難なのでNPO法人DSSに代わりサービスの提供をしている団体が履修データセンターです。一般の企業とは違い、履修データの利用を促進しつつ個人情報の乱用や大学教育への悪影響に最大の配慮をするために自由な企業活動を放棄しています。

## 履修情報データの扱いについて

### 履修データセンターの運営方針

履修情報の活用推進と大学教育等への阻害防止を両立するために

履修DBは個人の履修情報をデータ化し、本人の指示した企業に送ることができるサービスです。企業はデータの送信に同意した個人の履修データだけを見ることができます。

その結果、履修DBには就活生の履修情報データが蓄積されています。そのデータを活用することで、多様な採用・教育サービスを開発することが可能になります。

履修データセンターは、所有する膨大な履修情報データを占有し自由に利用すること、およびその履修情報データで収益を上げることを放棄しています。これは「個人の履修情報はあくまでも本人の意思によってのみ利用されるべきである」、一方で「個人を特定しない履修情報データは公共の資産として社会で共用するべきである」と考えているからです。

ビッグデータを活用するサービスは、保有しているデータの量がそのサービスの競争優位性を高める重要なポイントです。そのために大量のデータを所有している団体の影響力が大きくなります。履修情報データは、個人を特定しやすい情報であると同時に、大学等の授業内容・受講数・成績評価などがすべてわかるセンシティブな情報です。有効に使うことで「学ぶことの意義を高める」「個人の可能性を広げる」サービスもできますが、使い方を誤ると「大学教育をゆがめる」「個人の可能性を阻害する」サービスの開発にもつながります。特に採用・就職関連では多くの企業が顧客向けサービス開発競争をしています。顧客企業のニーズに合わせた結果、大学教育や個人に不利益なサービスが起こりやすい環境といえます。

そこで、「履修情報データは、個社で占有せず公共財として誰もが無料で利用できる。ただしその利用方法は広く社会から監視され、行き過ぎたサービスは利用できなくなる」という社会の仕組みにすることが重要だと考えています。

幸い、膨大な履修情報データを所有している企業は履修データセンターだけです。つまり、履修データセンターが履修ＤＢ内に保有している履修情報データの占有と自由な利用を放棄して公共資産として無償提供を始めることで、前述の仕組みを作ることができます。その仕組みができることで、今後は自社サービスで履修情報データを保有しても、それを自社で占有し自由に利用することや、履修情報データ自体の提供を収益にするような行為は社会の仕組みを壊すものとされ、認められなくなるはずです。この流れができることで、履修情報データの活用は活発になりつつ、大学教育や個人に不利益を与えることは抑制される社会環境が整うことを期待しています。

履修ＤＢの保有する履修情報データの無償提供はすでに始まっており、昨年に公開された内閣府の、大学の研究・教育の見える化を推進させるための「e-CSTI（エビデンスシステム）」にも使われています。

さらにこの枠組みを強固なものにするために履修データセンターは企業活動の制約を公言しています。

「履修DBには履修情報データを利用したような機能の追加はしない。かつ自社では履修情報データを活用するサービスを一切行わない」ということです。つまり、収益は個人の履修情報のデータ化・保管・送信だけに限定し、履修情報データからは一切の収益を得ないということです。

採用・就職サービス企業の視点に立てば、履修データセンターが自社と競合するような事業の開発が可能であれば、そこの履修情報データを利用する事業は経営的に不安に感じるはずです。もともとNPO法人DSSの活動を推進する目的の企業なので、事業展開や規模拡大は目的にしていません。ならば、自社の自由な活動を放棄することで、多くの採用・就職関連企業や教育関連企業がより協力しやすい運営形態にすることが、「履修情報データは、個社で占有せず公共財として誰もが無料で利用できる。ただしその利用方法は広く社会から監視され、行き過ぎたサービスは利用できなくなる」社会に近づくと考えています。

# 第2章 インタビューでわかった共通の資質

本章ではＧＰＡ上位５％の学生に共通する資質について説明します。本書は人事・採用経験者によるインタビューを中心に説明していきます。ただ一方で、学生本人に受けてもらった適性検査によって、インタビューでの分析を科学的・定量的により「見える化」していきます。

この二つのアプローチによって、ＧＰＡ上位者に共通する資質はあるのか？　またそれはどのような資質なのか？　など興味深い事実がわかりました。

## 第1節

# インタビューでわかったGPA上位5%とは？

### GPA上位5%にガリ勉はいなくなった

ＧＰＡの上位５％以内ということは、１００人中5番以内の成績を取っていることになります。このように圧倒的に成績が良くなるには、大学生活では学業に相当の力を入れている学生が大半だと思っていましたが、実はそうではありませんでした。

実際のインタビューで多かったやりとりは左記のようなものです。

インタビュアー　「学業と学業外の力の入れかたのバランスは他の学生と比較してどうでしたか？」

学　生　「比較的学業に力を入れていたと思います」

インタビュアー　「力の入れ方ではなく、時間のバランスで考えるとどうですか？」
学　生　「それなら他の学生とそんなに変わらないです。他の学生も授業には出席しているので授業に使っている時間は、あまり違わないと思います。それ以外にはテスト対策等にかける時間は若干多い程度です。他の学生の学業と学業外の時間のバランスが5：5なら　私は5：5か6：4程度だと思います」

このように、実はGPA上位5％の学生は、他の学生と比較して学業に割いている時間はそれほど変わらないのです。当然のことですが、例に挙げた学生よりも多くの時間を学業に割いている学生もいますし、逆に学業外に比重をかけている学生もいます。感覚的には約半数程度が前述した例のような回答をしていたといえるでしょう。

学業以外の時間は他の学生と同様にクラブ・サークル活動、アルバイト等に時間を費やしています。つまり、今回面談したGPA上位者には「学業しかしていない学生」「一般的ガリ勉タイプ」はいないということです。

このような一般的な印象とは違う結果が出たことには、納得できる理由があります。今回の面談者は全員が就職希望者です。企業に就職するには「学業だけに力を入れていてはいけない」「面接で話せるようなエピソードを学業外活動で経験しないといけない」ということを知っているからです。入学してからのサークル勧誘などで、「サークルに入らないと就職厳しいよ」「うちのサークルは就職に有利だよ」等の情報は自然に入ってきます。就職活動をした先輩からも「面接で学業外活動のエピソードが必要だ」という伝聞情報が入ります。実際、企業の面接では具体的なエピソードを求められます。面接で話しやすいストーリー性のあるエピソードを作るには、サークル・アルバイト、あるいは留学・ゼミのような活動が必要なことは誰もが知っています。GPA上位5％以内の学生でも、企業に就職をするつもりなら、授業（ゼミ以外）での活動を頑張っても就職で使えるエピソードにはならないので、他の学生と同程度に学業外の活動に時間を使っているのです。

### 共通は「サボり癖がない」

面談したGPA上位5％の学生は、大学生活に対する期待や目的、学業外の時間の使い方、性格や話し方などさまざまでした。一般的に共通する性格のようなものはインタビューでは見つかりませんでした。ただ全員に共通している資質があるとしたら「サボり癖がない」ということでしょう。

単位をそろえるだけならば、授業をサボれる範囲でサボっても卒業することは可能です。また授業に出席していたとしても、寝たりスマホを見たりして時間を過ごしても単位だけは取得できます。しかし、面談した学生は、ほぼ授業には出席していました。また大半の学生は出席した際には授業を聞いており、課題があれば提出していました。またテスト期間にはその準備をしていました。つまり、やるべきことをやるべきタイミングでふつうにやっているのです。

このように「やるべきことをやるべきタイミングでふつうにやっている」ので性格的には「真面目」だという印象で捉えられやすいのですが、それは違います。彼らの性格はバラバラといっていいものでした。ではなぜ、全員がやるべきことをふつうにできているのでしょう。「奨学金がどうしても必要だからGPAを高めたい」という目標で行動している人もいれば、「高校までとは違い、大学の授業は実際の社会とつながっていて面白いから」という人もいます。「大学では授業はきっちり受けることを親に約束したから」という人もいます。つまり、やるべきことをふつうにしてきた理由は人それぞれなのです。また、「性格的にきちんとしていたいから」と言っている人もいましたし、「無駄に時間を使うのは嫌なので、授業は聞かないともったいないと感じる」という人もいました。つまり、理由や性格はまちまちなのです。重要なことは、どんな理由や性格であるにせよ、「やるべきことをやるべきタイミングでふつうにやってきた」からこそGPAが上位5％に入っているということです。

奨学金が欲しい人は数多くいますが、その中で前日に遅くまで遊んでいて、9時からの授業も休まずに出席できる人はどれほどいるでしょう。つまり、それがなくてはGPA上位5％には入れないのかもしれません。入学時に授業もしっかり受けることを親に約束した人はたくさんいますが、必要な課題はいつも期限内に出してきた人だけがGPA上位5％に入ることができているのだと思います。「目標があったから」「親と約束したから」などの理由はまちまちですが、サボるという選択をしないで継続的に「やるべきことをやるべきタイミングでふつうにやってきた」という人だからGPA上位5％になっていることは間違いありません。

## 第2節

# 適性検査「ミキワメ」からわかったこと

### 適性検査「ミキワメ」での検証

本書では人事の専門家によるインタビューの分析を基本にしていますが、それと同時に適性検査「ミキワメ」による検証を実施しています。新卒採用場面では多くの企業が適性検査を利用した性格の判定を利用しています。今回のようなインタビューだからこそできる深いヒアリングに合わせて、適性検査による定量的で可視化しやすい分析を組み合わせ検証することで、より深く正確な分析をすることができました。

## 適性検査クラウド「ミキワメ」とは？

適性検査クラウド「ミキワメ」は、リーディングマークが提供するHR Tech SaaSで、オンラインで10分で受けられる性格検査によって個人の性格特徴を明らかにすることで、候補者と企業のカルチャーマッチを促進するシステムです。利用企業が自社社員の受検と分析を通じて自社のカルチャーを性格ベースで見える化し、その特徴をシステム内に設定することで、候補者が自社に合うかどうか一目でわかるようになるサービスです。

検査で測定している概念や解釈は心理学や人事領域の実践知をベースにしており、2021年6月現在、利用者は約800社30万人に達しています。受検者に結果をフィードバックして便益を与える形で展開し、利用の際には専門のコンサルタントが活用方法や組織分析のサポートを手厚く実施、ただ受けさせるだけに終わらない活用が可能なところが特徴です。

非効率な就職活動・採用活動の現状に対し、カルチャーマッチを見える化することで、企業と候補者の双方に有益な、ポテンシャルを最大化できるマッチングの実現を目指してサービス提供を行っています。**（図1）**

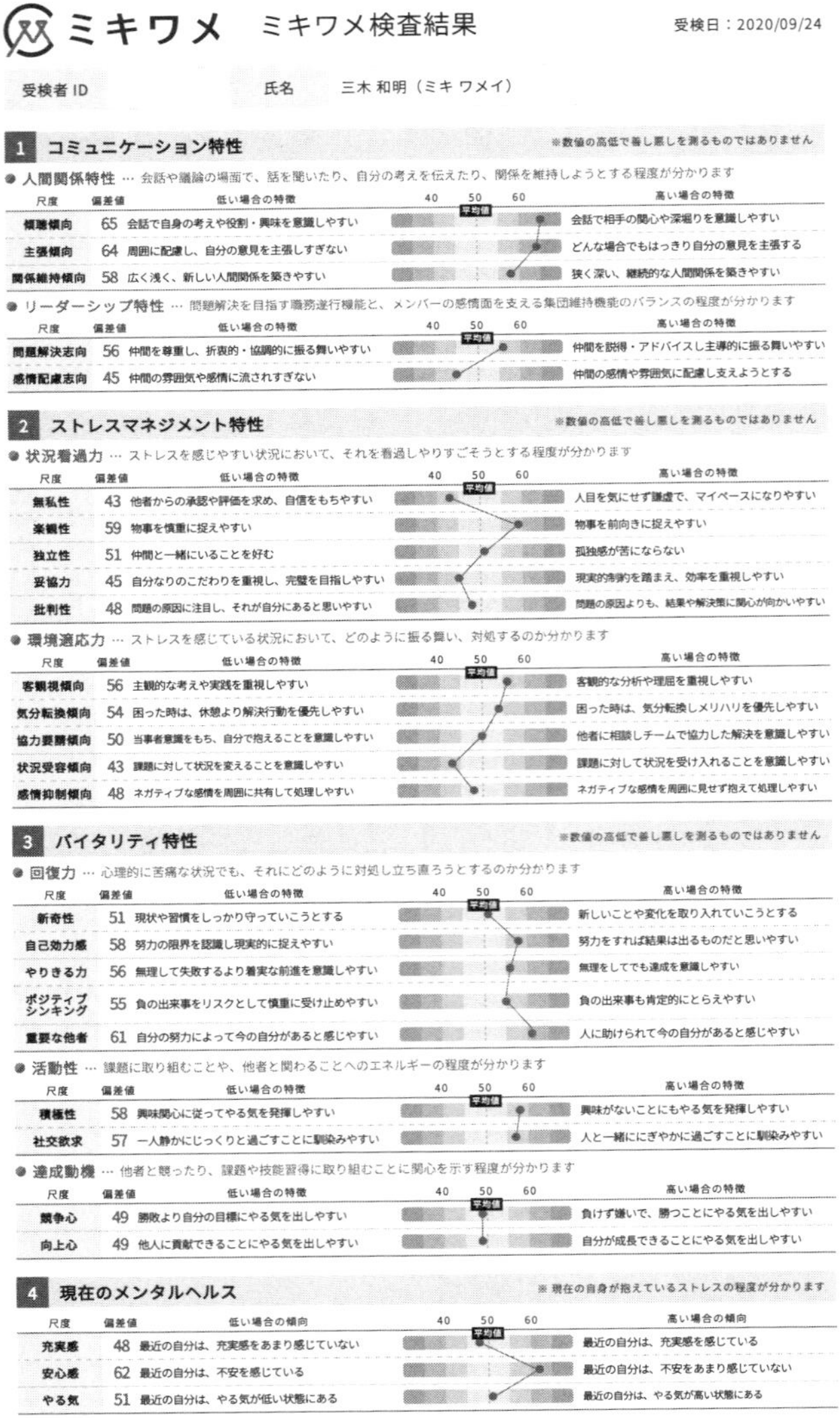

# ミキワメ　ミキワメ検査結果

受検日：2020/09/24

受検者 ID　　氏名　三木 和明（ミキ ワメイ）

## 1 コミュニケーション特性

※数値の高低で善し悪しを測るものではありません

● 人間関係特性 … 会話や議論の場面で、話を聞いたり、自分の考えを伝えたり、関係を維持しようとする程度が分かります

| 尺度 | 偏差値 | 低い場合の特徴 | 高い場合の特徴 |
| --- | --- | --- | --- |
| 傾聴傾向 | 65 | 会話で自身の考えや役割・興味を意識しやすい | 会話で相手の関心や深堀りを意識しやすい |
| 主張傾向 | 64 | 周囲に配慮し、自分の意見を主張しすぎない | どんな場合でもはっきり自分の意見を主張する |
| 関係維持傾向 | 58 | 広く浅く、新しい人間関係を築きやすい | 狭く深い、継続的な人間関係を築きやすい |

● リーダーシップ特性 … 問題解決を目指す職務遂行機能と、メンバーの感情面を支える集団維持機能のバランスの程度が分かります

| 尺度 | 偏差値 | 低い場合の特徴 | 高い場合の特徴 |
| --- | --- | --- | --- |
| 問題解決志向 | 56 | 仲間を尊重し、折衷的・協調的に振る舞いやすい | 仲間を説得・アドバイスし主導的に振る舞いやすい |
| 感情配慮志向 | 45 | 仲間の雰囲気や感情に流されすぎない | 仲間の感情や雰囲気に配慮し支えようとする |

## 2 ストレスマネジメント特性

※数値の高低で善し悪しを測るものではありません

● 状況看過力 … ストレスを感じやすい状況において、それを看過しやりすごそうとする程度が分かります

| 尺度 | 偏差値 | 低い場合の特徴 | 高い場合の特徴 |
| --- | --- | --- | --- |
| 無私性 | 43 | 他者からの承認や評価を求め、自信をもちやすい | 人目を気にせず謙虚で、マイペースになりやすい |
| 楽観性 | 59 | 物事を慎重に捉えやすい | 物事を前向きに捉えやすい |
| 独立性 | 51 | 仲間と一緒にいることを好む | 孤独感が苦にならない |
| 妥協力 | 45 | 自分なりのこだわりを重視し、完璧を目指しやすい | 現実的制約を踏まえ、効率を重視しやすい |
| 批判性 | 48 | 問題の原因に注目し、それが自分にあると思いやすい | 問題の原因よりも、結果や解決策に関心が向かいやすい |

● 環境適応力 … ストレスを感じている状況において、どのように振る舞い、対処するのか分かります

| 尺度 | 偏差値 | 低い場合の特徴 | 高い場合の特徴 |
| --- | --- | --- | --- |
| 客観視傾向 | 56 | 主観的な考えや実践を重視しやすい | 客観的な分析や理屈を重視しやすい |
| 気分転換傾向 | 54 | 困った時は、休憩より解決行動を優先しやすい | 困った時は、気分転換しメリハリを優先しやすい |
| 協力要請傾向 | 50 | 当事者意識をもち、自分で抱えることを意識しやすい | 他者に相談しチームで協力した解決を意識しやすい |
| 状況受容傾向 | 43 | 課題に対して状況を変えることを意識しやすい | 課題に対して状況を受け入れることを意識しやすい |
| 感情抑制傾向 | 48 | ネガティブな感情を周囲に共有して処理しやすい | ネガティブな感情を周囲に見せず抱えて処理しやすい |

## 3 バイタリティ特性

※数値の高低で善し悪しを測るものではありません

● 回復力 … 心理的に苦痛な状況でも、それにどのように対処し立ち直ろうとするのか分かります

| 尺度 | 偏差値 | 低い場合の特徴 | 高い場合の特徴 |
| --- | --- | --- | --- |
| 新奇性 | 51 | 現状や習慣をしっかり守っていこうとする | 新しいことや変化を取り入れていこうとする |
| 自己効力感 | 58 | 努力の限界を認識し現実的に捉えやすい | 努力をすれば結果は出るものだと思いやすい |
| やりきる力 | 56 | 無理して失敗するより着実な前進を意識しやすい | 無理をしてでも達成を意識しやすい |
| ポジティブシンキング | 55 | 負の出来事をリスクとして慎重に受け止めやすい | 負の出来事も肯定的にとらえやすい |
| 重要な他者 | 61 | 自分の努力によって今の自分があると感じやすい | 人に助けられて今の自分があると感じやすい |

● 活動性 … 課題に取り組むことや、他者と関わることへのエネルギーの程度が分かります

| 尺度 | 偏差値 | 低い場合の特徴 | 高い場合の特徴 |
| --- | --- | --- | --- |
| 積極性 | 58 | 興味関心に従ってやる気を発揮しやすい | 興味がないことにもやる気を発揮しやすい |
| 社交欲求 | 57 | 一人静かにじっくりと過ごすことに馴染みやすい | 人と一緒ににぎやかに過ごすことに馴染みやすい |

● 達成動機 … 他者と競ったり、課題や技能習得に取り組むことに関心を示す程度が分かります

| 尺度 | 偏差値 | 低い場合の特徴 | 高い場合の特徴 |
| --- | --- | --- | --- |
| 競争心 | 49 | 勝敗より自分の目標にやる気を出しやすい | 負けず嫌いで、勝つことにやる気を出しやすい |
| 向上心 | 49 | 他人に貢献できることにやる気を出しやすい | 自分が成長できることにやる気を出しやすい |

## 4 現在のメンタルヘルス

※ 現在の自身が抱えているストレスの程度が分かります

| 尺度 | 偏差値 | 低い場合の傾向 | 高い場合の傾向 |
| --- | --- | --- | --- |
| 充実感 | 48 | 最近の自分は、充実感をあまり感じていない | 最近の自分は、充実感を感じている |
| 安心感 | 62 | 最近の自分は、不安を感じている | 最近の自分は、不安をあまり感じていない |
| やる気 | 51 | 最近の自分は、やる気が低い状態にある | 最近の自分は、やる気が高い状態にある |

図１　ミキワメの帳票イメージ

## GPA上位者のタイプには特徴がない？

GPA上位5％の平均偏差値とミキワメを受検した新卒採用候補者の平均偏差値の差は次のようなもので、最大でも5ポイント程度の違いでした。詳細に見ると若干の差異がある項目はありますが、サンプルバイアスを考慮すると、大きな差があるとは言いがたい結果になっています。すなわちGPA上位5％に入っているから「真面目」「受動的」などというような一つのキーワードで全体を見ることができないということです。

一般的な学生と同じように、いろいろなタイプの学生が混じっており、全体としての特徴は特にないようです。**（図2）**

また84名をクラスター分析によって性格特性の数値により分類すると、8つのタイプを見出すこ

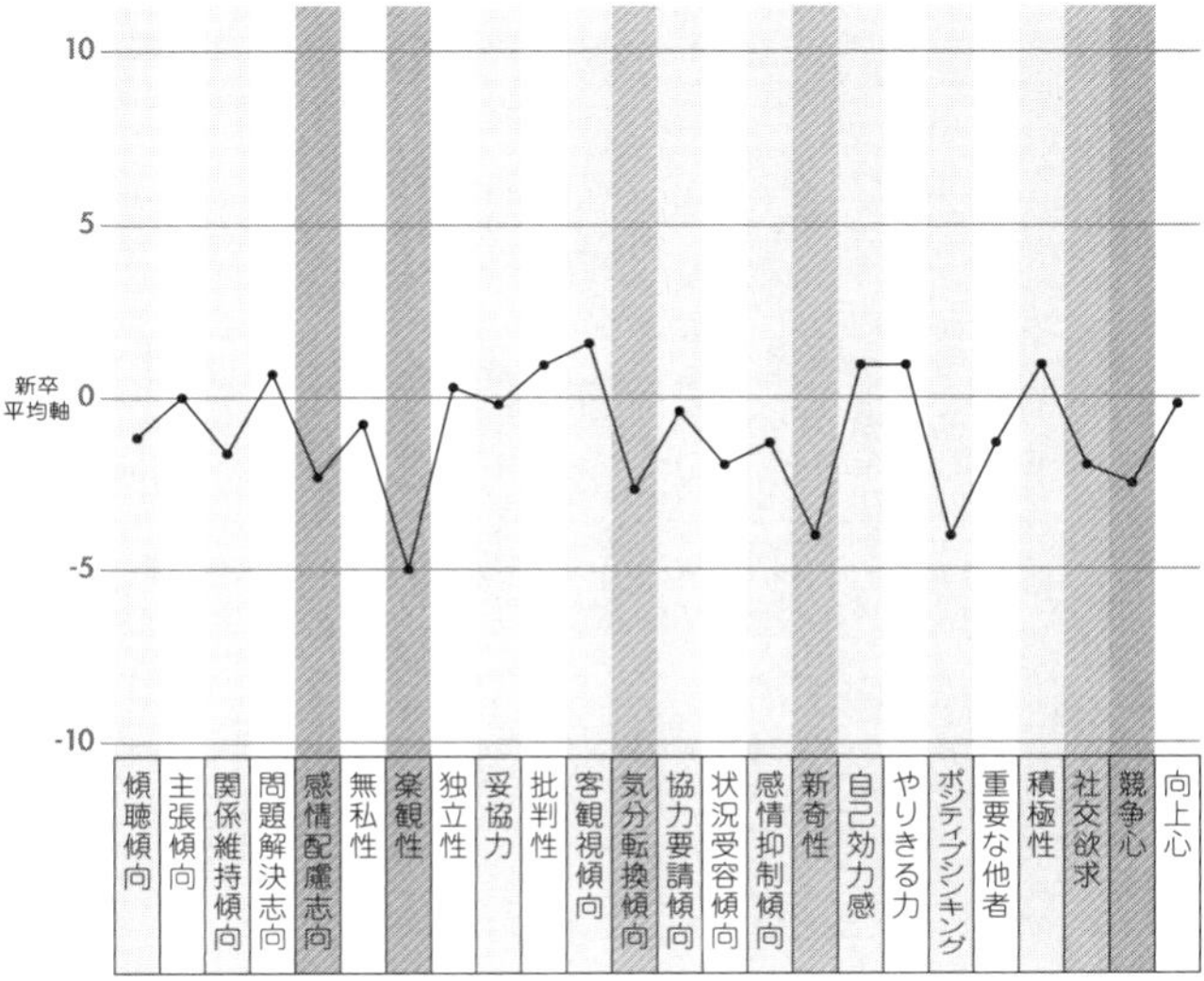


図2　GPA上位者と新卒受検者の偏差値平均の差分

学生分析結果

# グループA 自律・慎重・着実タイプ

グループAは、全体と比較してより物事を慎重に捉えリスクを予測して丁寧に対処し（楽観性）、モチベーションが競争の有無に左右されず自分なりの目標を持って進もうとして（競争心）、自分の興味のあることへの意識が高く自分なりの意志やこだわりを持つ傾向（積極性）にあります。また、周囲を頼りすぎず自分の仕事に責任を持って取り組む傾向（協力要請傾向）も出ています。

■グループA（N=8名）　■GPA上位5%全体

| 尺度（グレーは全体と異なる要素） | 偏差値 | 低い場合の特徴 | 平均値 | 高い場合の特徴 |
|---|---|---|---|---|
| 独立性 | 59.4 | 仲間と一緒にいることを好む | | 孤独感が苦にならない |
| 積極性 | 40.0 | 興味関心に従ってやる気を発揮する | | 興味がないことにもやる気を発揮する |
| 新奇性 | 38.7 | 現状や任されたことを着実に進めようとする | | 新しいことや変化を取り入れていこうとする |
| ポジティブシンキング | 37.5 | 負の出来事をリスクとして慎重に受け止めようとする | | 負の出来事も肯定的に捉えようとする |
| 協力要請傾向 | 37.3 | 自身で責任を持って解決しようとする | | 他者の協力を要請して物事を解決しようとする |
| 競争心 | 32.4 | 勝敗より自分の目標にやる気を出す | | 負けず嫌いで勝つことにやる気を出す |
| 楽観性 | 31.8 | 物事を慎重に捉える | | 物事を前向きに捉える |

※平均値である50からの乖離が大きかったもの TOP7を抜粋して表示

図3　学生分析結果：グループA　自律・慎重・着実タイプ

学生分析結果

## グループB 相談・努力・成長タイプ

グループBは、全体と比較してより他人を巻き込んでチームで課題を解決する意識を持ち(協力要請傾向)、自分の行動に対して自信を持ち困難な状況でも前向きで(自己効力感)、達成意欲が高く締めずに取り組み続ける意識を持つ傾向(やりきる力)にあります。また、自己の成長に対して意欲的である傾向(向上心)も出ています。

■グループ B(N=15 名)　■GPA上位5%全体

| 尺度 (グレーは全体と異なる要素) | 偏差値 | 低い場合の特徴 | 平均値 | 高い場合の特徴 |
|---|---|---|---|---|
| やりきる力 | 59.9 | 無理して失敗するより着実な前進を目指す | | 無理をしてでも達成を目指す |
| 重要な他者 | 59.3 | 自分の努力によって今の自分があると感じている | | 人に助けられて今の自分があると感じている |
| 協力要請傾向 | 59.0 | 自身で責任を持って解決しようとする | | 他者の協力を要請して物事を解決しようとする |
| 自己効力感 | 58.9 | 努力の限界を認識している | | 努力をすれば結果は出るものだと思っている |
| 関係維持傾向 | 58.9 | 割り切りがあり、次々に新しい人間関係を築く | | 一度関わった人とは深く長い人間関係を築く |
| 積極性 | 58.1 | 興味関心に従ってやる気を発揮する | | 興味がないことにもやる気を発揮する |
| 向上心 | 57.4 | 他人に貢献できることにやる気を出す | | 自分が成長できることにやる気を出す |

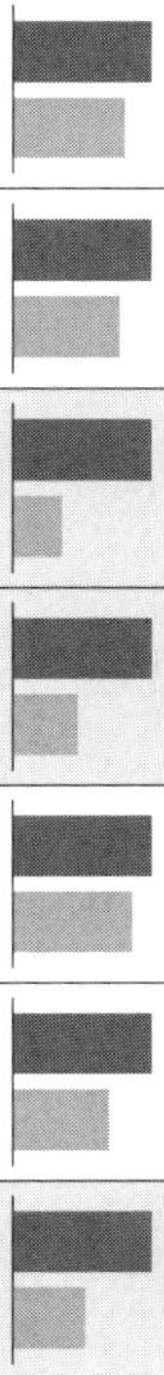

※平均値である50からの乖離が大きかったもの TOP7を抜粋して表示

図4　学生分析結果：グループB　相談・努力・成長タイプ

学生分析結果

# グループC 対人アクティブ・達成意識タイプ

グループCは、全体と比較してより積極的に発言して主体性があり(主張傾向)、相手に関心を持ち受容的で共感的な印象を与え(傾聴傾向)、関心のないことにも積極的にコミットできる傾向(積極性)にあります。また、つながりを大切にして長期的で深い人間関係を築きやすい傾向(関係維持傾向)も出ています。

■グループ C(N=9 名)　■GPA上位5%全体

| 尺度(グレーは全体と異なる要素) | 偏差値 | 低い場合の特徴 | 平均値 | 高い場合の特徴 |
|---|---|---|---|---|
| 関係維持傾向 | 66.4 | 割り切りがあり、次々に新しい人間関係を築く |  | 一度関わった人とは深く長い人間関係を築く |
| 主張傾向 | 65.1 | 周囲に配慮し、自分の意見を主張しすぎない |  | どんな場合でもはっきり自分の意見を主張する |
| 積極性 | 64.7 | 興味関心に従ってやる気を発揮する |  | 興味がないことにもやる気を発揮する |
| やりきる力 | 64.3 | 無理して失敗するより着実な前進を目指す |  | 無理をしてでも達成を目指す |
| 傾聴傾向 | 63.1 | 自身の考えや役割に関心が向かう |  | 相手の考えや意見に関心が向かう |
| 向上心 | 62.5 | 他人に貢献できることにやる気を出す |  | 自分が成長できることにやる気を出す |
| 妥協力 | 36.1 | 自分のこだわりを重視し、完璧を目指す |  | 現実的制約を踏まえ、効率を重視して進める |

※平均値である50からの乖離が大きかったもの TOP7を抜粋して表示

図5　学生分析結果：グループC　対人アクティブ・達成意識タイプ

学生分析結果

## グループD 生産的・チーム志向タイプ

グループDは、全体と比較してよりモチベーションが競争の有無に左右されず自分なりの目標を持って進もうとし(競争心)、自責的になりすぎず問題の原因を生産的に捉え(批判性)、素直でネガティブな気持ちでも周囲と共有し表情豊かである傾向(感情抑制傾向)にあります。また、つながりを大切にして長期的で深い人間関係を築きやすい傾向(関係維持傾向)も出ています。

■グループD(N=14名)　■GPA上位5%全体

| 尺度 (グレーは全体と異なる要素) | 偏差値 | 低い場合の特徴 | 平均値 | 高い場合の特徴 |
|---|---|---|---|---|
| 批判性 | 61.9 | 問題の原因に注目し、それが自分だと考えやすい | | 問題の結果や解決策に関心が向かう |
| 関係維持傾向 | 61.1 | 割り切りがあり、次々に新しい人間関係を築く | | 一度関わった人とは深く長い人間関係を築く |
| 重要な他者 | 58.6 | 自分の努力によって今の自分があると感じている | | 人に助けられて今の自分があると感じている |
| 協力要請傾向 | 55.9 | 自身で責任を持って解決しようとする | | 他者の協力を要請して物事を解決しようとする |
| 主張傾向 | 55.6 | 周囲に配慮し、自分の意見を主張しすぎない | | どんな場合でもはっきり自分の意見を主張する |
| 感情抑制傾向 | 42.5 | ネガティブな感情を周囲に話して対処しようとする | | ネガティブな感情を周囲に見せない |
| 競争心 | 40.9 | 勝敗より自分の目標にやる気を出す | | 負けず嫌いで勝つことにやる気を出す |

※平均値である50からの乖離が大きかったもの TOP7を抜粋して表示

図6　学生分析結果：グループD　生産的・チーム志向タイプ

学生分析結果

# グループE 自律・前向きタイプ

グループEは、全体と比較してより自責的になりすぎず問題の原因を生産的に捉え（批判性）、周囲の雰囲気に流されにくく自分の考えをはっきり伝えて（感情配慮志向）、何事にもポジティブな面に目が向く傾向（楽観性・ポジティブシンキング）にあります。

■グループ E（N=8 名）　■GPA上位5％全体

| 尺度（グレーは全体と異なる要素） | 偏差値 | 低い場合の特徴 | 平均値 | 高い場合の特徴 |
|---|---|---|---|---|
| 批判性 | 66.9 | 問題の原因に注目し、それが自分だと考えやすい | 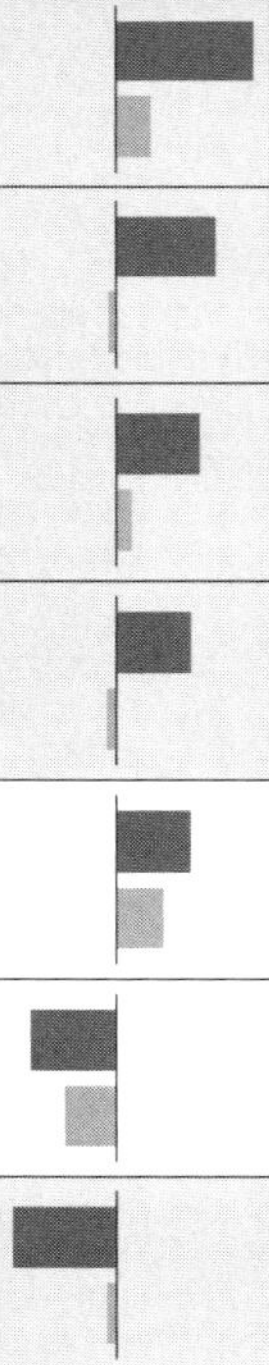 | 問題の結果や解決策に関心が向かう |
| 楽観性 | 62.4 | 物事を慎重に捉える | | 物事を前向きに捉える |
| 独立性 | 60.8 | 仲間と一緒にいることを好む | | 孤独感が苦にならない |
| ポジティブシンキング | 60.2 | 負の出来事をリスクとして慎重に受け止めようとする | | 負の出来事も肯定的に捉えようとする |
| 主張傾向 | 59.3 | 周囲に配慮し、自分の意見を主張しすぎない | | どんな場合でもはっきり自分の意見を主張する |
| 状況受容傾向 | 40.6 | 課題に対して、積極的に行動して状況を変えようとする | | 課題に対して状況を受け入れ、静観して取り組む |
| 感情配慮志向 | 38.8 | 仲間の雰囲気や感情に流されすぎない | | 仲間の気持ちや雰囲気への配慮を優先する |

※平均値である50からの乖離が大きかったもの TOP7を抜粋して表示

図7　学生分析結果：グループE　自律・前向きタイプ

学生分析結果

## グループF 社交的・慎重派タイプ

グループFは、全体と比較してよりネガティブな事象と正面から向き合ってリスクや結果を考慮して現実的に考え（ポジティブシンキング）、完璧主義的で自分なりのこだわりを持って課題遂行を目指して（妥協力）、物事を慎重に捉えリスクを予測して丁寧に対処する傾向（楽観性）にあります。また、気さくで誰とでも賑やかに過ごす傾向（社交欲求）も出ています。

■グループ F（N=11 名）　■GPA上位5%全体

| 尺度（グレーは全体と異なる要素） | 偏差値 | 低い場合の特徴 | 平均値 | 高い場合の特徴 |
|---|---|---|---|---|
| 社交欲求 | 61.8 | 一人静かにじっくりと過ごすことを好む | | 人と一緒に賑やかに過ごすことを好む |
| 自己効力感 | 59.7 | 努力の限界を認識している | | 努力をすれば結果は出るものだと思っている |
| 積極性 | 58.9 | 興味関心に従ってやる気を発揮する | | 興味がないことにもやる気を発揮する |
| 楽観性 | 39.8 | 物事を慎重に捉える | | 物事を前向きに捉える |
| ポジティブシンキング | 38.8 | 負の出来事をリスクとして慎重に受け止めようとする | | 負の出来事も肯定的に捉えようとする |
| 状況受容傾向 | 36.7 | 課題に対して、積極的に行動して状況を変えようとする | | 課題に対して状況を受け入れ、静観して取り組む |
| 妥協力 | 35.3 | 自分のこだわりを重視し、完璧を目指す | | 現実的制約を踏まえ、効率を重視して進める |

※平均値である50からの乖離が大きかったもの TOP7を抜粋して表示

図8　学生分析結果：グループF　社交的・慎重派タイプ

学生分析結果

# グループG 当事者·解決意識タイプ

グループGは、全体と比較してより周囲を頼りすぎず自分の仕事に責任を持って取り組んで（協力要請傾向）、物事を慎重に捉えリスクを予測して丁寧に対処して（楽観性）、課題に対して正面から向き合って課題解決を優先して行動する傾向（気分転換傾向）にあります。また、周囲の雰囲気に流されにくく自分の考えをはっきり伝える傾向（感情配慮志向）も出ています。

■グループ G（N=6 名）　■GPA上位5%全体

| 尺度（グレーは全体と異なる要素） | 偏差値 | 低い場合の特徴 | 平均値 | 高い場合の特徴 |
|---|---|---|---|---|
| 関係維持傾向 | 61.3 | 割り切りがあり、次々に新しい人間関係を築く | | 一度関わった人とは深く長い人間関係を築く |
| 重要な他者 | 59.9 | 自分の努力によって今の自分があると感じている | | 人に助けられて今の自分があると感じている |
| 協力要請傾向 | 40.8 | 自身で責任を持って解決しようとする | | 他者の協力を要請して物事を解決しようとする |
| 楽観性 | 39.4 | 物事を慎重に捉える | | 物事を前向きに捉える |
| 感情配慮志向 | 39.3 | 仲間の雰囲気や感情に流されすぎない | | 仲間の気持ちや雰囲気への配慮を優先する |
| 状況受容傾向 | 38.9 | 課題に対して、積極的に行動して状況を変えようとする | | 課題に対して状況を受け入れ、静観して取り組む |
| 気分転換傾向 | 38.7 | 困った時は、問題に真正面から取り組む傾向にある | | 困った時、積極的に気分転換する |

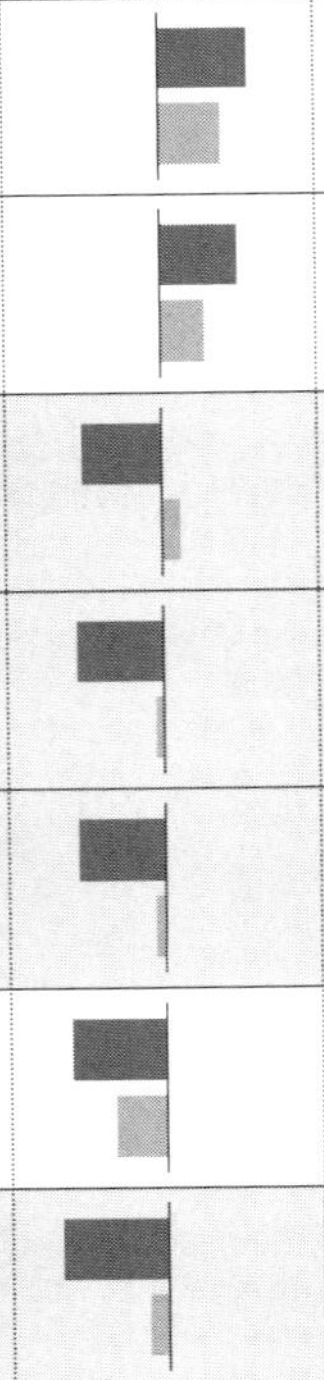

※平均値である50からの乖離が大きかったもの TOP7を抜粋して表示

図9　学生分析結果：グループG　当事者・解決意識タイプ

学生分析結果

## グループH 着実・協調性重視タイプ

グループHは、全体と比較してより任されたことに着実に取り組み（新奇性）、ひと目を気にせず謙虚に振る舞い（無私性）、仲間の意見を尊重し協調的に振る舞う傾向（問題解決志向）にあります。また、ネガティブな事象と正面から向き合ってリスクや結果を考慮して現実的に考える傾向（ポジティブシンキング）も出ています。

■グループH（N=12名）　■GPA上位5%全体

| 尺度（グレーは全体と異なる要素） | 偏差値 | 低い場合の特徴 | 平均値 | 高い場合の特徴 |
|---|---|---|---|---|
| 積極性 | 56.7 | 興味関心に従ってやる気を発揮する | | 興味がないことにもやる気を発揮する |
| 協力要請傾向 | 55.2 | 自身で責任を持って解決しようとする | | 他者の協力を要請して物事を解決しようとする |
| 無私性 | 54.9 | 承認や評価を求め、自信がある | | 人目を気にせず謙虚で、自分の軸を持つ |
| 関係維持傾向 | 54.7 | 割り切りがあり、次々に新しい人間関係を築く | | 一度関わった人とは深く長い人間関係を築く |
| ポジティブシンキング | 44.8 | 負の出来事をリスクとして慎重に受け止めようとする | | 負の出来事も肯定的に捉えようとする |
| 問題解決志向 | 44.7 | 仲間を尊重し協力的に解決を目指す | | 仲間への説得やアドバイスを行って解決を目指す |
| 新奇性 | 42.6 | 現状や任されたことを着実に進めようとする | | 新しいことや変化を取り入れていこうとする |

※平均値である50からの乖離が大きかったものTOP7を抜粋して表示

図10　学生分析結果：グループH　着実・協調性重視タイプ

とができました。（図3〜図10）

つまりこのような8つの多様な性格タイプの学生の集合がGPA上位5%の学生です。（図11）

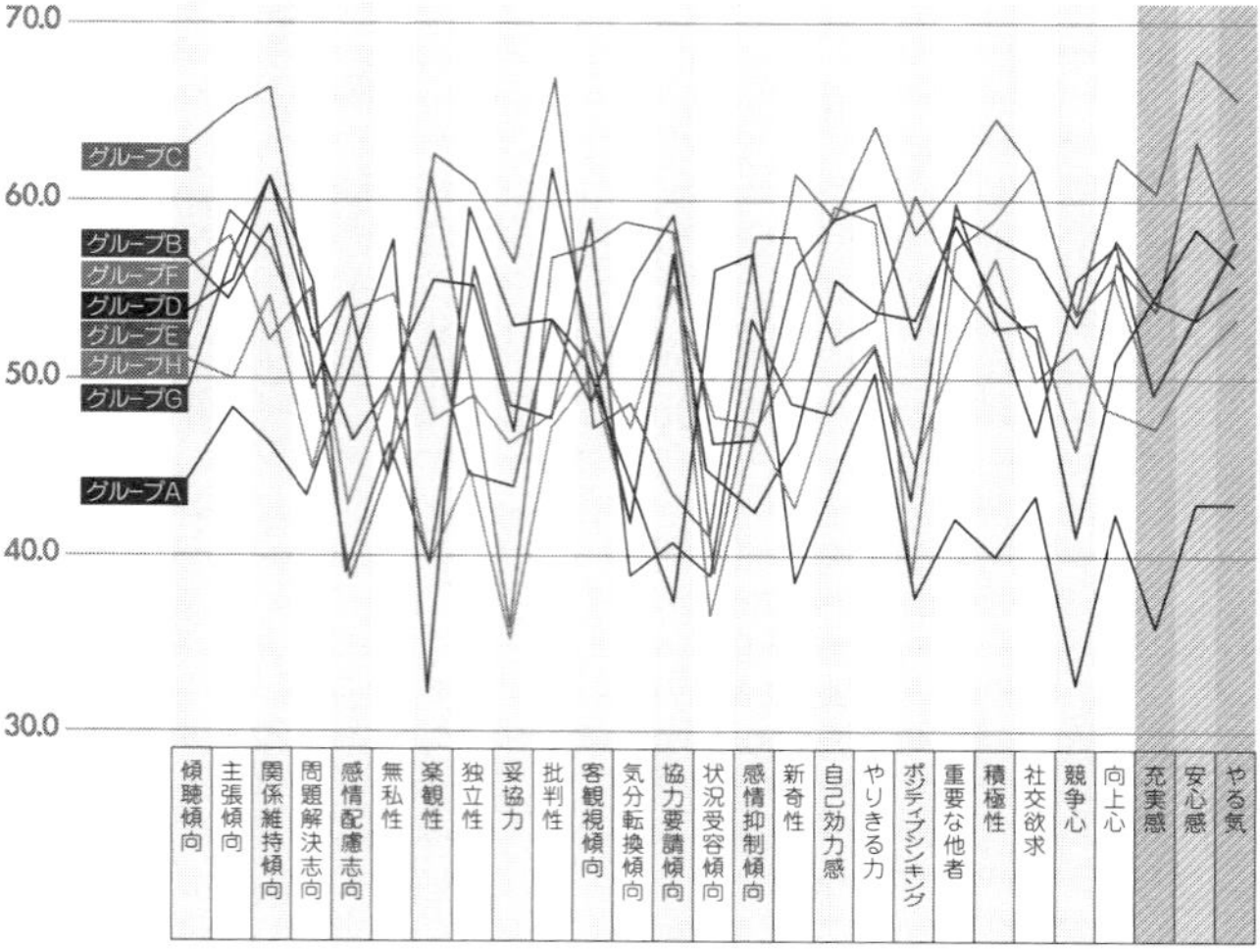


図11　GPA上位5%の8つのタイプ

## 第3節

# インタビューと適性検査の融合でわかった事実

### サボり癖のないことが検査からも証明された

インタビューでは「サボり癖がない」という資質が全員に共通していることがわかりました。その理由が適性検査の結果からもわかりました。

それは「感情配慮志向」「楽観性」「気分転換傾向」「新奇性」「ポジティブシンキング」「社交欲求」「競争心」が若干低い点です。これらの特徴は大きな差分とまではいえないものですが、インタビューからわかった「サボり癖のなさ」と関係していると思われます。

インタビューで、「他の学生は授業中に寝て、テスト対策もいい加減な場合もあるのに、あなたはなぜちゃんとしようと思ったの?」と質問した際に、「単位は絶対に落としたくないので……」「心配性なところがあって……」という発言をしている人が頻繁にいました。「楽をして成果が出なかった場合の自分自身に対する許せなさ」と「努力をするつらさ」を天秤にかけると、一般の学生に比較して、「努力をするつらさ」よりも「成果が出なかった場合の自分自身に対する許せなさ」の方が重要なのでしょう。これは「楽観性」「ポジティブシンキング」の低さに関係しています。「楽観性」「ポジティブシンキング」の高い人は、失敗しても気にしないタイプです。つまり成果を出すための努力が自分にとってつらいものなら、多少の失敗があっても気にしないというタイプです。

また同様に「友達は、授業中に雑談したり授業をサボって遊んだりしてるのに、自分だけ授業に出たり授業中にノートを取っていたりして、友人仲間からなんとなく浮いている気になったりしない?」との質問に対しては「別に気にならないですし、周りも気にしていないです」というような発言や「授業は一人の方が集中できるので……」「人によって、学業での目標(奨学金などの取得が必要など)も違うので、それは区別して……」というような発言をよくしています。これは、「感情配慮志向」「社交欲求」の高い人の特徴である「周囲の雰囲気に合わせて、自分の行動を変えやすい」とは逆の行動です。また良くも悪くも他人と比較して行動しやすい「競争心」の低さにも関係しています。

「気分転換傾向」「新奇性」の低さは、持続的に行動する資質を表しています。「気分転換傾向」「新奇性」の高い人は、困ったときには真正面でぶつからずに積極的に目先を変えて気分転換を図ることが得意です。一方で低い人は、困ったことでも真正面で受け止めて、やらなければいけないことに取り組む傾向があります。実際のインタビューでも自分のタイプを「地道に努力することは嫌いじゃないので……」「小さい時からきちんとしてるタイプなので……」というように表現する人が数多くいました。

結論として、インタビューしたGPA上位5％の中には①「成果を出せない不安より、努力することを選ぶタイプ」なのでサボり癖がない人、あるいは②「周りに影響されず、自分の意思によって行動するタイプ」だからサボり癖がない人、③「困難なことでも真正面で受け止めるタイプ」だからサボり癖がない人、以上のような3つのタイプの資質が影響していることがわかりました。

**サボり癖のないことのすごさ**

インタビューを通じてわかったのは「サボり癖がない人」とは、真面目な人ではないということです。ＧＰＡ上位５％に入っている「サボり癖がない人」とは自分を律することができる人のことを指します。ＧＰＡ上位の人の中で「勉強が好き・面白い」と感じている人はごく少数でした。好きなことや面白いことであれば、誰でもサボらないでしょう。また、「得意なこと」ならサボらないことも納得できます。しかし、ＧＰＡ上位の人の中で、「勉強は得意だ」と感じている人も少数でした。つまり、ＧＰＡ上位５％に入っている大半の人は「好きでもなく得意でもない学業」で継続的・持続的な努力をできる「自分を律する力」を持っているのです。それができるのは、前述した「成果を出せない不安より、努力することを選ぶタイプ」「周りに影響されず、自分の意思によって行動するタイプ」「困難なことでも真正面で受け止めるタイプ」という性格的な特徴が重要です。

ただし「自分を律する」ということは大変難しいことです。それだけに、それをやれるような自分なりの納得できる理由を作っているように思います。たとえば「留学のため」「人気ゼミに入るため」などのように自分なりの目標を見つけることもその一つです。あるいは「大学の授業は考えていたよりも面白い」「将来役立ちそうな授業もけっこうある」というような、環境を楽しめるように考えることもその一つです。おそらく面談した84名に「自分を律することができる力」を感じたのは、やらなくてはいけないことと感じたら流されずにできる性格的な強さだけでなく、自分なりにやるべき必要性を高める理由づけもうまいからだと思います。

**辻 太一朗**
**適性検査分析監修：佐藤 映**

## 第2章まとめ

- インタビューからGPA上位5%には、一般的なガリ勉タイプはいないことが確認できた。なぜなら就活の面接では、学業だけに真剣に取り組んでも企業から評価されないことを知っているため。
- GPA上位5%の学生全員に共通する資質「サボり癖がない」・「やるべきことをやるべきタイミングでふつうにやれる」。

- 適性検査「ミキワメ」での分析でも、GPA上位5%は多様な価値観や性格の学生の集合であること、「サボり癖がない」という資質が確認できた。インタビューをもとに、適性検査を利用することで、GPA上位5%の資質を深く理解することができる。
- 「サボり癖がない」というのは「真面目」なのではなく、「自分を律することができる」資質を持っているということを意味する！

# 第3章

# なぜGPA上位5%に入ることができるのか?

ＧＰＡの上位５％内に入る人には、「サボり癖がない」という共通した特徴があることは第２章で説明しました。しかし、その特徴はあくまでも「必要条件」にすぎません。当然のことながら、個々人の持っている価値観や行動特性、あるいは大学生活での目標などはさまざまです。参加したサークル活動や、経験しているアルバイトなどもバラバラです。

しかしながら、今回の調査で一人ひとりを詳しく面談していくことで、なぜ彼ら彼女らが各大学のＧＰＡ上位５％に入ることになったのか？　その理由を８つの特性に分けることができました。今回面談を実施した84名すべてが、少なくとも８つの特性のうち一つ以上を持っています。つまり本章で説明する８つの特性は、ＧＰＡ上位５％に入るための「十分条件」に当たるものです。それらの特性を具体的な実例を含めて説明します。

# 第1節

## 特性1 目的を達成できる計画を立て、長期的に実行できる

**関西学院大学商学部　田中さん（仮名）　GPA3・5（学部平均2・2）**

成績が良かったら給付型の奨学金がもらえるので、そのためにGPAを高くすることを目指していました。1年間を通して、学部で10番以内のGPAなら20万円もらえました。またGPA3・0以上なら、申し込んで審査に通れば30万円もらえる奨学金もありました。だから成績が良ければ年間で50万円もらえます。授業料は親が払ってくれていますが、そんなに裕福な家庭でもないので、その奨学金は親に渡しています。

授業は基本的には出席していました。友人と話しているような授業もありましたが、

きちんと聞いておくほうが良い授業は当然真剣に聞いており、自分なりには必要に応じて、授業態度を変えていたと思います。ただし良い成績を取るために、試験対策は他の人より時間をかけてしています。また「経営学基礎」などのような基礎や初級にあたる科目はきっちりと理解することに気をつけて注力していたので、それ以降に習った応用や中級に相当する科目は、他の人よりも理解が早く、良い成績を取りやすかったと思います。試験対策の勉強は、他の人よりも時間をかけずに成果を出していると思います。もともといろんなことに時間をかけるのは嫌いな性格なので、効率を高めることを気にしていました。他の学生は友達とテスト勉強する人もいますが、私は一人でやるのが一番集中できて効率が上がるので、そうしていました。

**青山学院大学国際政治経済学部　谷原さん（仮名）　GPA3・6（学部平均2・8）**

学業は学生の本分だと思っているので、成績は一定以上には保っておきたいと考えていました。それに加えて、留学には行きたいと考えていましたので成績は気にしていました。うちの大学と協定している大学に行く協定校留学に選ばれるためには、一定以上の成績が必要なのでGPAのレベルは気にしていました。協定大学ごとに留学が認められる条件のGPAが決まっており、できるなら人気のある、高いGPAが必要な大学に行きたかったことも学業を頑張った理由にはなります。結果的に2年の秋から1年間の予定で目的の大学に留学できました。残念ながらコロナによって半年間に短縮されましたが……。

学業への時間の使い方は、他の人よりは若干多かったと思います。それなりに提出しなくてはいけない課題やレポートがありました。その質によって評価されるので、質を高めるために文献などを参考にすることが有効で、それを読む時間などは他の人より多かったと思います。授業では日常での行動も評価に影響するので、必要な場合は積極的に発言するなどの行動をして日常点を高められたことには自信があります。たとえばディスカッションやプレゼンテーションなどは、それなりに積極的に関わっていきました。そのような日常的な要素も評価に入って相対的に高い成績が取れていたと思います。

## 明治大学情報コミュニケーション学部　橋本さん（仮名）　GPA3・7（学部平均2・7）

入学試験の成績が良かったようで、入学時に特待生に選抜されて学費が免除されました。第一志望の大学が明治大学でしたが、受験時には余裕で通るほどの自信はなかったので、特待生の権利があることの連絡を受けた際には正直驚きました。本当は商学部に行きたかったのですが、調べてみると情報コミュニケーション学部でも経済・経営的な勉強もできそうでした。両親の経済的な負担も減らしたかったので情報コミュニケーション学部に入学しました。

特待生として2年生以降も学費が免除されるには条件がありました。継続的な学費の免除には毎年審査があって「GPA上位30％以内、かつ一定単位数以上の取得」のような条件をクリアしないと継続されないのです。当然ですが、特待生を維持するためにGPAの基準をクリアするように意識していました。結果的には4年間すべて学費を免除していただけるようになりました。

1年の前期は、上位の成績を取るにはどの程度の勉強が必要なのかわからなかったので、けっこう勉強しました。1年の後期以降は、ある程度の感覚がつかめてどの程度で必要な成績が取れるのかがわかり、学業にかけている時間は他の人と変わらなくなったと思います。

授業は基本的に出ていましたが、授業を聞かずに寝ているときもありました。上位の成績を維持できているのは、要領が良いからだと思います。情報を多く持つために、学部内で友人を多く作ることは意識しました。また先生にも良い印象を残すように愛想よくしていました。先生の評価の傾向もだんだん摑めるようになったので成績を維持しやすくなったと思います。

# 現在の大学環境①

## 実はGPAが高いと実利的メリットがある

大学生活において、GPAが高いことによる実利的なメリットがけっこうあります。

給付型（返済の必要のない）奨学金はその一つです。金額の多寡は大学や学部によって図書券の支給から1年間に何十万円というように幅はありますが、多くの大学で学業を奨励するための給付型の奨学金があるようです。

また入学時の試験結果で特待生として、入学を許可される大学もあります。入学後のGPAなどによって、2年生以降も特待生として学費の軽減や免除が維持されるかが判断されるのでGPAが高いと大きなメリットがあります。その他にも特定の財団がGPAを参考に奨学金を支給する場合もあります。年間の学費だけでも100万円を超える出費で親に負担をかけているので、少しでも負担を軽くしたいと考えている学生は、今回面談した学生の中に少なからずいたようです。

奨学金の支給以外にもGPAを高めることの実利的メリットの代表例が留学です。特に大学の協定大学に留学できる協定校留学は、学費等の負担も少なく留学できます。そのような理由から協定校への留学を目標にしている場合も多いようです。基本的に留学先で取得した単位も卒業の単位として認められるので、1年間の留学をしても4年間で卒業できることも大きなメリットだと考えられます。多くの場合、協定校にはランクがあり、GP

Aによってどこに行けるのか大学や学部ごとに設定されています。つまりGPAが高い人ほど、留学先の選択の自由度が大きいことになります。

またゼミ（研究室）や一部の少人数の授業などでは、GPAや個別授業の成績によって参加が許可される場合もあります。特に人気のあるゼミなどは、倍率が高くなるのでGPAを高めておきたいと考える学生も多くいました。

このように、現在の大学においてはGPAを高めることが実利的なメリットにつながる場合が数多く用意されているのです。

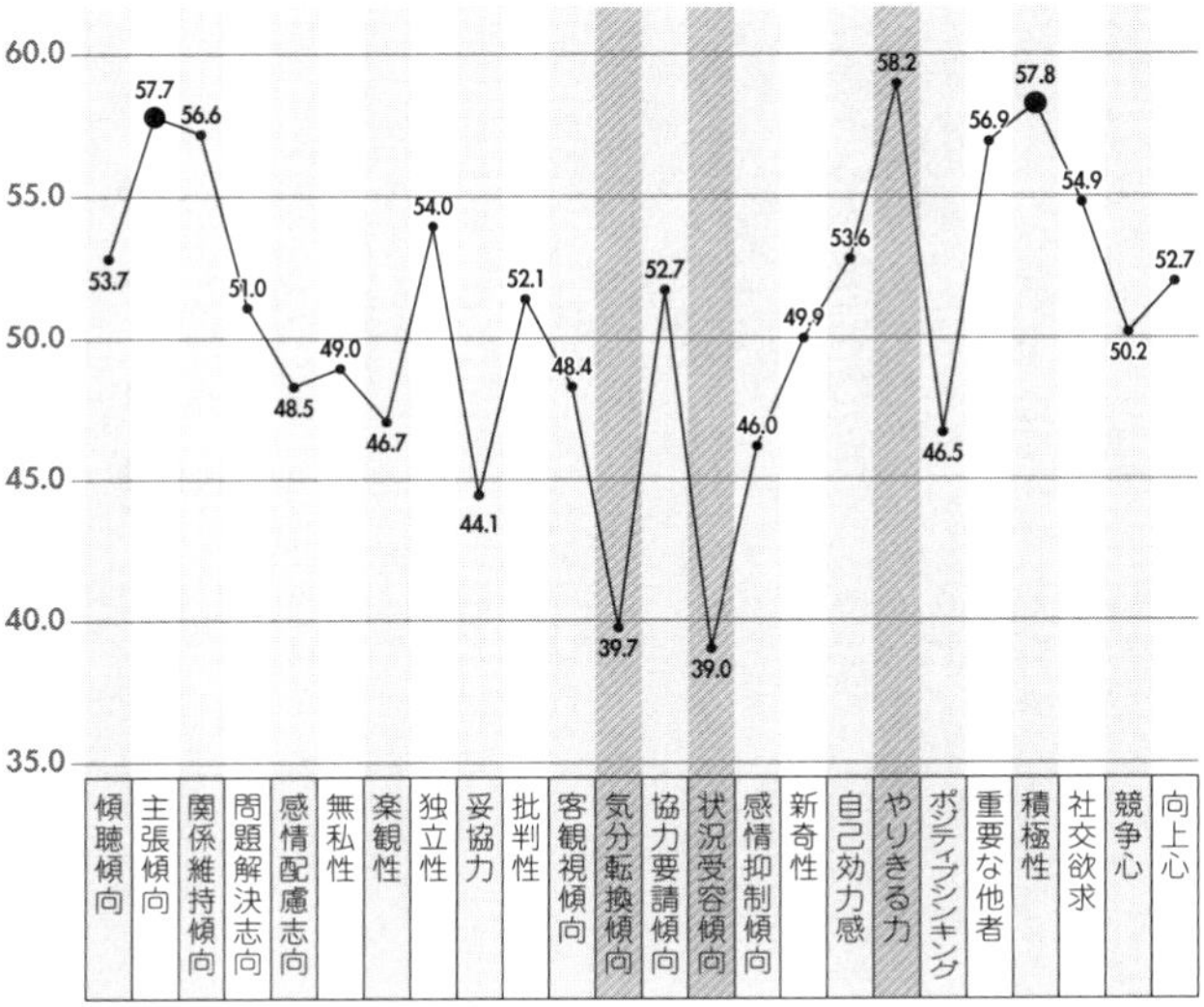


図1　特性1該当者

# 適性検査「ミキワメ」からわかる特性①

「ミキワメ」の指標

「やりきる力」が高く、「気分転換傾向」「状況受容傾向」が低い人

**⬇達成意欲が強く、課題に対する行動意識が強いタイプ**

該当者　29人／84人中　32・8％

**該当者の平均タイプ（図1）**

**GPAが上位者になる要因**

目的を達成できるよう計画を立て、長期的に実行できる人の中でもGPA上位5％に入る人の興味深い特徴は、「主張傾向」と「積極性」が高いことです。実際のヒアリングでも「給付型の奨学金を取ることを目標にしました」「交換留学に行く際に必要な3・0以上のGPAを目標にしました」「3年生になってゼミに入る際に、GPAで落とされることがないようにしました」というようにはっきりと目標を意識して、

そのために努力したことを表明しています。

今回のヒアリング対象のGPA上位者は、GPAを高めるという目標を、自分の意思として明確に意識している「主張傾向」を持っています。また、あまり関心がないことにも積極的に取り組めるモチベーションの幅の広さを持つ「積極性」の高さも同時に持っているということです。これがGPAを目標にして実現できる人の特徴のように思います。

つまり、目標を地道に追いかける「やりきる力」の高さ、状況に左右されない「気分転換傾向」「状況受容傾向」の低さと同時に、目標自体を強く意識し、その達成にこだわる、そして、そのために、興味がないことにもやる気を維持して取り組む関心の広さがある人がGPA上位5%に入る人なのでしょう。

## 上位5%になれる人の特性および企業人事視点での魅力①

### 具体的な数値を目指すからGPAが高くなる

奨学金の獲得や、行きたい協定校に留学するには具体的なGPAの数値基準があります。その数値を上回って初めて目標を達成できたことになり、上回らなければ達成できなかったことになります。目標達成が目的とはいえ、面談した学生は、必ずしも達成しなくてはいけないと必死に悲壮感を持って頑張っていたという印象ではありません。どちらかというと、ゲーム的に「達成できれば良い」程度に頑張っていたという印象です。

しかし、数値の目標があることで、「どの程度の努力が必要なのか?」「どこまですれば目標の基準に到達するのか?」を考えることになります。具体的な数値を目標にすることは、努力の結果が成功か失敗かをはっきりさせることになります。そのためには、どのような努力をどこまですれば良いのかを考えることになります。また必要な努力のレベルを常に修正していく必要が出てきます。このようなPDCAのサイクルを自然に自分の環境に当てはめていることにつながっていると考えられます。

＊PDCA：Plan（計画）→Do（実行）→Check（評価）→Act（改善）の4段階を繰り返して業務

## 目的志向が強くて、GPA上位を狙える人が頑張る

一般的に、人が目標にむかって努力できるモチベーションには、その目標が本人にとって魅力的であることと同時に、努力すればその目標を達成できる見込みを感じることが重要だといわれています。給付型の奨学金を得ることや、ゼミや留学先の自由度を持っていることは、ほぼすべての学生にとって魅力的なことだといえます。

ここで強調したいのは、今回の面談対象になったGPA上位5%の学生にとっては、自分が一定の努力をすれば達成できる見込みが立てられたということです。あるいは、他人以上の努力をできる自信があったということです。

では一体、どのような授業を選択すれば成績を高められるのか?(ちなみに簡単に単位が取得できる授業の中には、不合格にはならないが成績は一律的に「C」評価にするような授業もあります。GPA上位を目的にしている場合には、必ずしも喜ばしい授業とはいえないようです)。「成績を高めるためには授業中にどのような行動をすれば良いのか?」「テスト対策はいつ頃からどのようなことをどの程度すれば良いのか?」などを分析しているということです。

そして分析したことに対して、具体的な計画をイメージしてそれを実行し、必要なら修正していたということです。

中には、先生に名前を覚えてもらったほうが良い評価になりやすいのではないかと考え、授業中の発言や授業後の質問などを意図的にしているような学生もいます。そのような行動がどの程度の影響があったのかは本人も定かではないようですが、少しでも可能性を高めることを模索して実行していることが、結果的に目標の達成につながっていることに間違いないように思います。

## 将来の可能性のために準備する努力ができる人

ここで取り上げている「目的を達成できる計画を立て、長期的に実行できる」人は、目の前にあるメリットだけでなく、まだ明確ではない将来の可能性を広げておくことに対して準備できる人であるといえます。目の前の利益・メリット・楽しさに対しては、多くの人が懸命に取り組みます。あるいは「どうしてもやりたいことがある」「実現したい何かがある」場合にも懸命に努力をするでしょう。

しかし、今はまだ何をしたいのかわからないが、将来にやりたいことができた場合に備えて、それをやれる可能性を高めておくために、今から準備をしておくと考えて実行できる人は希少です。

今回面談した学生の中には、このような「将来のために準備しておく」ということを厭《いと》わず、そのような不確かなことでさえ目標にできる人が多くいるように思いました。

## 第1節まとめ

- GPAを高めることは実利的なメリットにつながると理解している。

＊給付型奨学金、学費の軽減や免除、奨学金の支給、協定校留学、人気授業や人気ゼミへの参加

- 成功への道は具体的な数値の目標を立てること。
- 目の前にある利益だけではなく、将来の可能性を広げるために準備をしている！

# 第2節

## 特性2 知的好奇心の強さ、「学び」への期待の高さ

**慶應義塾大学法学部　内田さん（仮名）　GPA3・8（学部平均2・5）**

学業と学業外のバランスは、他の学生と変わるものではありません。留学したかったのでGPAは意識していましたが、特に勉強に力を入れたということはありません。また決して頭が良いほうだとも思っていません。高校の時は理系クラスで、授業についていけなかったこともあります。高校の途中から文系に変更して内部進学で法学部政治学科に入学しました。

大学に入ってから授業が楽しくなってきたので、他の人よりも授業はちゃんと聞い

ていることがGPAの高い要因の一つだと思います。というのも数学や物理などの理系の授業では、途中で授業内容が理解できなくなると、その後の授業はさっぱりわからなくなりました。大学に入ってからの政治学科の授業では、まったくわからないというようなことはないので、聞いていればなんとなく理解ができました。そのあたりが理系の科目と大きく違うと興味を持って授業を聞けたところだと思います。また、その授業で話されていることが、「だから、イスラムの○○の問題は△△と関連があるんだ!!」というように、自分の頭の中でつながった時などはすごくすっきりした感覚になり、楽しいんです。だから授業中にも、その授業の内容を理解することだけではなく、他の授業との関連や実際の社会問題とのつながりなどを意識して聞いていました。そのような聞き方をするほうが楽しいし、実際に頭の中で整理できて記憶にも残りやすいと思います。だからノートも先生の話していることだけでなく、自分で考えた具体例などもいろいろとメモしていました。

## 早稲田大学文化構想学部　吉川さん（仮名）　GPA3・6（学部平均2・6）

中高生のころから日中関係に関する課題に興味があって、詳しく知りたいと思い、今の大学に行きました。父親は中国に批判的な考えだったのですが、私自身は中国人の友人もいたのでそうでもなかったんです。だから、歴史的な事実関係や文化的な背景など詳しく知りたいと考えるようになりました。大学では、中国語もマスターしたいし、授業も中国に関連するような授業をたくさん取っていました。学業にかけていた時間は他の人とそれほど変わらないと思います。ただ、授業と授業の合間などは中国語の勉強などもしていたので、他の人よりも学業に使っている時間は若干多かったと思います。

成績が良いのは、レポートで評価される授業が多く、レポートの評価が高いからだと思います。レポートはどんな視点や立場で論じるかが重要だと思います。私は参考文献を読んだり調べたりすることが他の人より多かったので、幅広い知識や情報からレポートの論点を見つけていたと思います。その論点などの視点が他の人と違うことがレポートの評価が高い理由だったと思います。中国語を真剣にやっていたので中国語で書かれた文献を読むことができたことも大きなポイントだったと思います。

**立教大学法学部　田原さん（仮名）　GPA3・5（学部平均2・2）**

ニュースで裁判の判決が報道されたときに「なぜ、このような判決なのか？」ということによく疑問を持ちました。判決が納得できないという意味ではなく、その判決の根拠や理由を知りたいと思っていました。そのためには法律をきっちり学ぶ必要があると考えて法学部に進学しました。また法学部なら就職する際にもマイナスにはならないという打算もありました。

もともと法律に興味もあるし、それを理解することは社会に出てからも活かせることがあると考えていたので、授業は興味を持って聞いていたと思います。

他の学生と比較して学業に使っている時間は変わらないと思いますが、密度は違うと思います。授業では、単に理解するだけでなく俯瞰《ふかん》できて納得することを気にしていました。なので授業が終わってから先生にいろんな観点で質問しました。多くの先生が、時間を割いてきっちり教えてくださいました。いろいろな質問をしたのでさまざまな先生から名前を覚えられていたと思います。成績を上げる努力をした要因には、名前を覚えられた先生から「あんなに頻繁に質問に来ていたのに成績は悪いんだ」と思われるのが恥ずかしいと感じていたことも大きいと思います。

# 現在の大学環境②

**大学の授業内容の変化と選択の自由度の広がり**

授業内容の幅は広がっています。特にＩＴ・ＡＩ系のスキルに関しては各大学で必須の動きがあります。関西学院大学ではすべての学部を対象に全学部科目としてプログラミング言語やデータ分析等の情報科学科目の提供を開始しています。また早稲田大学も文系・理系を問わず社会に出てからでも役立つような「数学」「情報」「データ科学」の分野の科目を全学生対象に提供しています。

また慶應義塾大学の総合政策学部に代表されるように、総合○○学部、国際△△学部、文化××学部というような学際的学部が広く定着しています。そのような学部では、全学部生に共通で必要な必須科目は少なく、同じ学部でも学科や専攻によって取得したほうが良い科目も多岐にわたるようになっています。

そのために、科目の組み合わせの自由度が高く、個人の興味によって取得している授業が大きく違うようです。面談の中でも「興味のある科目を中心に取得しました」という学生がいます。また「他学部、他学科の科目も取得しました」というように学部を越えて履修を認めている科目も多くあるようです。

またＷＥＢでの授業が増えてきたことで、受講人数が教室で制約されない授業も増えてきているので、より個人の自由度が高まっているようです。

マンモス大学の多くは、いくつかのキャンパスを持っています。理科系学部と文科系学部、あるいは教養課程と専門課程でキャンパスが違う場合もあります。キャンパスの場所が離れている授業は移動に時間がかかるために、続けては受けることができない場合があります。しかし、２０２０年以降はコロナ禍により、多くの授業がＷＥＢに移行していますす。それによってキャンパスの場所に関係なく授業を取得することができる場合が増えました。面談の中でも「違うキャンパスの授業を、1コマ目と2コマ目に続けて取ることができるので、興味のある授業がとりやすくなりました」という意見がありました。

このように、大学の授業内容の変化や選択の自由度の広がりによって、個人の将来に役立ちそうな授業や自分の知的好奇心に沿って多様な授業が選択できるようになってきています。

**ディスカッション、グループワーク等の授業の進め方の多様化**

ある大学の学生は「3〜4割の授業は、ディスカッションやグループワークがあります」と言っていました。大学や学部・学科によってバラつき

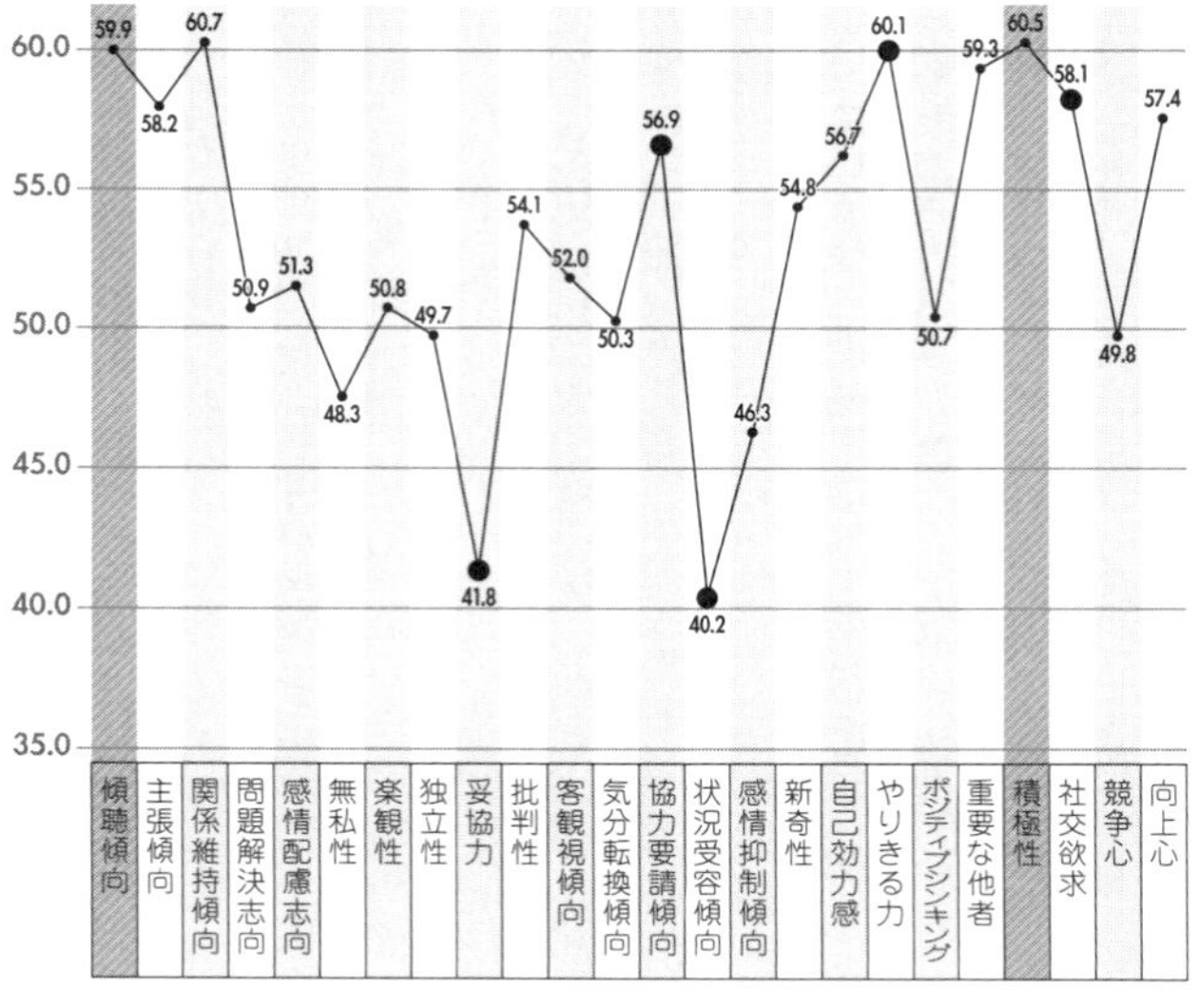


図2　特性2該当者

はありますが、授業の進め方が多様になってきているようです。

講義の進め方が多様になると、知的好奇心への刺激や、個人のかかわり方も多様になります。たとえば授業の前半は講義を受け、後半はそれをもとにグループでディスカッションする授業とします。一方的な講義を聞くのはダルいと感じている学生でも、議論するのは好きなら、前半の講義への興味も変わってくるでしょう。あるいは半年間決まったグループでグループワークをするような授業なら、個人的には興味がなくても、自分がサボることでチームのメンバーに迷惑をかけたくないという気持ちから仕方なく積極的に行動する人もいるでしょう。

このように、授業の進め方や形態が多様になったことで、興味・嗜好《しこう》、あるいは得意・不得意など自分に合った授業を選びやすくなっており、その選び方や授業での行動に個人の考えや価値観が出やすくなっています。

# 適性検査「ミキワメ」からわかる特性②

**「ミキワメ」の指標では**

「積極性」「傾聴傾向」の高い人

**➡幅広く興味を示し、新しい情報の習得に意欲的なタイプ**

該当者39人／84人中　46・4％

**該当者の平均タイプ（図2）**

**GPAが上位になる要因**

知的好奇心の強さ、「学び」への期待の高いタイプの中でもGPA上位5％に入る人の特徴は「妥協力」「状況受容傾向」が低く、「やりきる力」が高いことです。これは知的好奇心があり、さまざまなことに興味を持ちやすいと同時に、困難なことがあっても妥協しないでやりきる行動ができることです。また同時に「協力要請傾向」「積極性」「社交欲求」が高いのは、困難なことがあった際にも周りの力をうまく使っていけることを表しています。

実際のヒアリングでも「興味がある授業は他学部でも取得しました。他学部には友人はいないのですが、それは気にならないし、わからないことがあっても周りの人に聞きます」「わからないことがあれば、授業後に先生に聞くことはまったく躊躇《ちゅうちょ》しません。先生に聞くのが一番効率的です」「レポートを書く際には、図書館で文献なども読みます。授業以外の情報があることで、他の人とは違う視点でレポートを書けるからです」などというように、知的好奇心などの興味がありつつ、自ら積極的な行動ができ、必要なら周りをうまく活用できる柔軟さや強さを持っているからGPA上位5%に入っているように思います。

## 上位5%になれる人の特性および企業人事視点での魅力②

### 興味から自分なりの思考で深め、広げる力がある

誰でも楽しいと感じることや興味があることには積極的に関わって、真剣に取り組み、

力を入れるものです。だから、授業が楽しいと感じ、興味のある授業であれば積極的になって、学業に真剣になることは当たり前のように思います。しかし、GPA5%以内に入る人たちは、面白いと感じる授業や興味がある授業を真剣に聞いているだけではなく、授業での内容を自ら「深めたり」「広げたり」するような行動をとっていることがGPAを高める要因になっているように思います。

具体的には、授業で話されている内容に興味を持って聞いているだけでなく、社会の中で関係するものを思い浮かべたり、具体的な例を考えたり、他の科目との関連を探ったりする行動です。つまり受動的に理解するだけでなく、「より深く理解する」「より広く捉える」「より実感を持つ」ように主体的に行動していることがポイントのように思います。

このように、「興味があるので頑張った」だけでなく、主体的に「考えること」や「調べること」によって、より理解が深まると同時に記憶が定着しやすいのだと思われます。その結果としてテスト対策やテスト勉強に多くの時間を割くことはなくても、テスト結果やレポート結果に差が出ているのではないでしょうか。

仕事においても説明したことをきちんと理解することは重要ですが、理解したうえで自分なりに他の仕事との共通点を見つけることのできる人の方が早く仕事を覚えられます。

また質問する際にも、単に「〇〇がわからないので教えてください」と質問する人より、ある程度理解したうえで「私は、〇〇に関して……と理解しているのですが、そうすると……はどうなんでしょうか？」というように自分なりの解釈を踏まえて、より深い視点で質問してくる人の方が良い仕事をする場合が多いはずです。興味があることを深め、広げられる人はこのような人に近いと思われます。

## 興味から具体的な行動を起こせる人

きわめて高いＧＰＡを取っている人は、興味があることに対して参考文献を読むなどの具体的な行動を起こしている人も多いように思います。たとえばレポートを書く必要がある際に、授業で聞いた話の内容や教科書に載っている内容だけで書くなら、誰もが同じような視点や内容になりがちです。参考文献などを読み、新たな知識を増やすことで、初めて他の人と違う視点で捉えられる可能性が高まります。このような具体的な行動をするかどうかがレポートの評価の違いになっているように思います。文献だけではなく、留学先で得た経験をさらに深めるために行動することもあるかもしれません。授業で知ったことを、より広げるために大学外の講座やＷＥＢの講義を受ける場合もあると思います。

人事の視点で考えると、このような行動をする人たちは2つの点で魅力的です。1つは自律的・主体的に行動する姿勢です。この資質を持っている人と持っていない人では、教育や指導にかかる手間や時間が圧倒的に違ってきます。2つ目は行動力です。もう少し詳しくいうと、「少しでも効果が上がるなら行動したらいいじゃないか」という腰の軽さのような感覚です。「参考文献を読まなくては単位が取れない」という状況なら、誰もが参考文献を読むはずです。でも参考文献を読んだからといって必ずしも良いレポートが書けるとは限らない場合には、誰もが読むとはいえないでしょう。そのような場合にでも「どうせ時間はあるし、少しは興味あるので読んでみよう」と考えるような、自らが行動することのハードルが低い人がいます。特にこのような知的行動における「行動することへのハードルの低さ」は社会人として魅力的に思えます。

## 学び続ける必要性の高い社会において活躍できる人材

経済産業省が「人生100年時代の社会人基礎力」を発表しています。従来からの「社会人基礎力」と大きく変わった点が「学び続ける力」を付け加えたところです。人生100年時代になることで、働く必要がある期間は大きく延びます。加えてAIやITの進化によって、仕事の変化や必要なスキルの変化のスピードも速まります。このような環境下では「学び続ける」ことによって自分のスキルや考えを変化・対応させていく必要性が高まってきます。すなわち社会人以降でも学び続ける力が必要ということです。

仕事における「経験」は、実際にその仕事に就かない限りは体感できませんし、身につきません。しかし、「学ぶこと」は本人の意思や思いがあればできます。たとえば、将来就きたい仕事に必要なスキルは「学ぶこと」によって一定レベルに高めることができます。それによって将来就きたかった仕事に就いた際に、短い時間で一人前になることができるかもしれません。そもそも、その仕事に就く可能性自体を高めるかもしれません。

知的好奇心があり、自分に有用な知識やスキルを得ようとする姿勢は、今後ますます重要になると思われます。また「学ぶこと」の価値を認め、将来の可能性を広げるために学ぶ姿勢を持っている人の必要性は高まるものと思われます。

## 第2節まとめ

- 授業を自由に選択できる大学環境の中で、「学び」に対する期待や知的好奇心を強く持っている。
- 興味を出発点として自身の思考を深め、広げている。
- 知識やスキルを得ようとする前向きな姿勢で具体的に行動することが重要！

## 第3節

# 特性3 責任感、当事者意識の高さ

慶應義塾大学商学部　倉田さん（仮名）　GPA3・3（学部平均2・4）

私は指定校推薦で入学したので、入学時から良い成績を取ることを目標にしていました。指定校推薦の場合には大学での成績は卒業高校に報告されて、入学後の本人の成績が良くない場合には指定校としての推薦枠が減らされる可能性もあるという噂を聞いていたからです。その噂の真偽はわからないのですが、推薦してもらった高校に万が一にも迷惑をかけることはできないのでGPAの高さは気にしていました。

具体的に学業で意識していたことは、そんなにすごいことではないと思っています。授業はサボらずに出席していました。体育会新聞編集のサークルに入っていたので、大学生活の中心はサークルだったと思います。体育会の活動として体育会新聞編集をしている大学もよくあるほど、その活動や記事作りには責任感が必要でした。平日の授業後は、多くの時間を取材や編集作業に充てる必要がありました。

学業で他の人と違うのは、試験前の勉強の真剣さだと思います。単位を取るだけでなく良い成績を取らないといけないと考えていたので、試験期間の1、2週間前からはアルバイトも休んで試験勉強をしました。他の人は試験に出そうなポイントだけを一夜漬けで押さえている程度の人も多かったですが、私はノートや教科書にマークしたりしながら高校での試験勉強のように全般的に勉強していました。

**青山学院大学経済学部　矢橋さん（仮名）　GPA3・4（学部平均2・5）**

国公立大学を志望していましたが、受験に失敗して私立に行くことになってしまいました。結果的に親の学費の負担が増えてしまったので、せめて学業に関しては授業料の分はしっかり頑張ろうと考えました。GPAは結果的に高いですが、高いGPAを取ることを目的にはしていませんでした。それよりもちゃんと勉強することだけを意識していました。だから授業は休まない、課題はちゃんと出すということは意識していました。また予習・復習はするようにしていました。私は少し予習をしているだけで授業中の理解のレベルが大きく違うことを実感していました。実際に、友人たちは授業内容がわからないときには私に聞いてきたので、比較的よく理解できていたんだと思います。おそらくこのような、日常的にちゃんと勉強していて授業内容をきちんと理解し記憶していたことが、他の人との違いだったと思います。

成績が良かった理由の一つは友人のおかげだと思います。仲の良い友人が、試験前には必ず一緒に対策準備をしようと私に持ち掛けてくれたので、自然とテスト対策やテスト勉強をちゃんとすることになっていました。

＊実例では矢橋さん（仮名）の学業の活動しか触れていません。実際には学業外でも活動的に行動しています。大学でスポーツ系のサークルで活動しながら、その競技のレベルを上げるために学外のサークルにも入っています。またアルバイトもファーストフードチェーンで週に3、4日していたそうです。

# 現在の大学環境③

入試には多様な形態があります。一般入試で入ってくる人が一般的です。

指定校推薦は、指定されている高校から一定の条件に合致する人が推薦されて入学する制度です。AO入試という専門的なスキルや、独自の活動を認められて入学できる制度もあります。あるいは系列の付属高校からの進学もあります。

一般入試は、本人の試験結果や論文で判断されます。言い換えれば本人の力のみで合否が決まります。しかし、その他の入試形態は、卒業高校の評価や推薦など、他者の影響も入ってきます。その中で、学業に対する思いや、意図も多様になっている場合もあります。

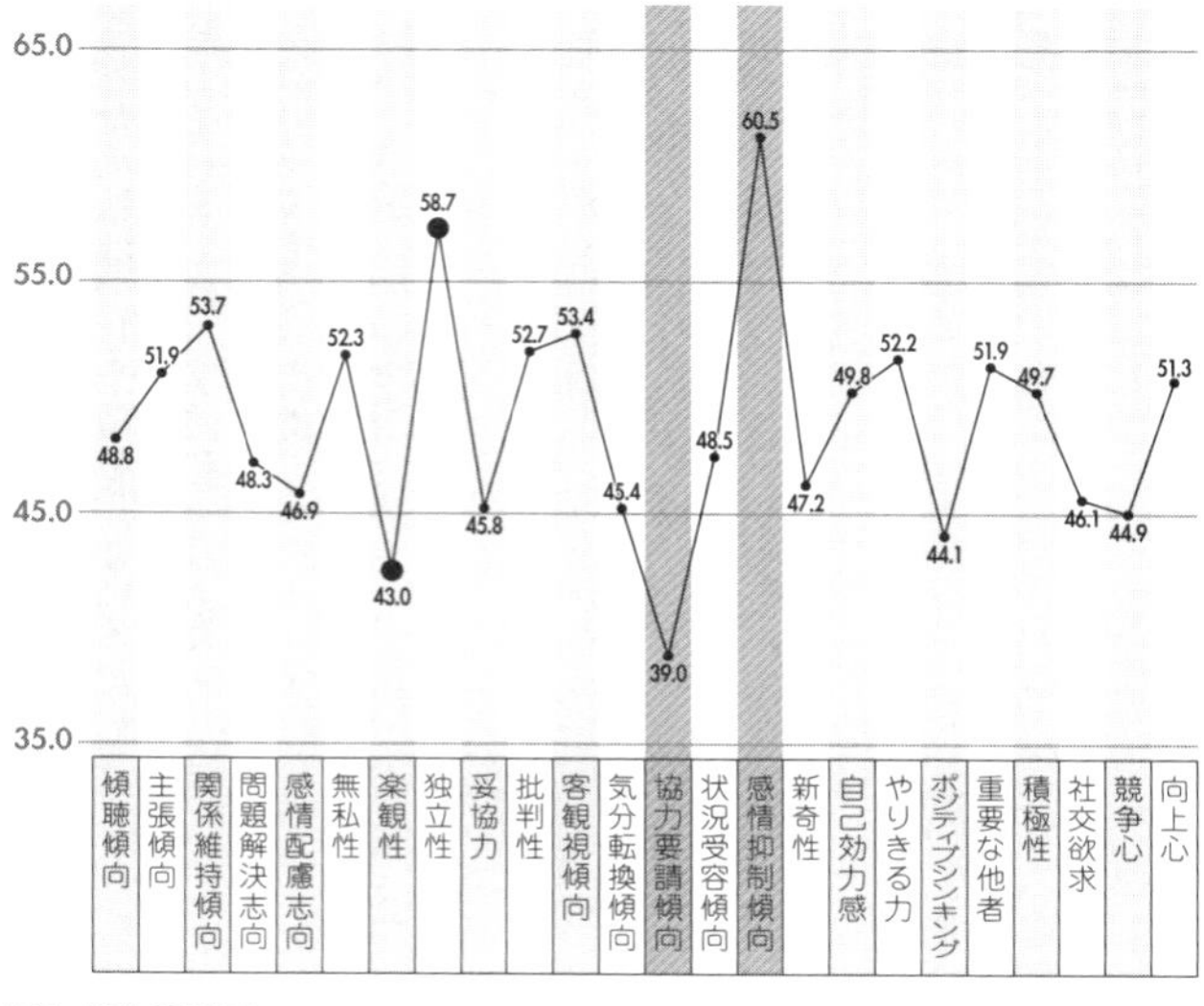


図3　特性3該当者

# 適性検査「ミキワメ」からわかる特性③

**「ミキワメ」の指標では**

「協力要請傾向」が低い、「感情抑制傾向」が高い

**➡マイナスの感情を我慢しつつ、自分で責任を持ってやろうとする意識が強いタイプ**

該当者17人／84人中　20.2％

**該当者の平均タイプ（図3）**

**GPAが上位になる要因**

責任感、当事者意識の高さがあるタイプの中でもGPA上位5％に入る人の特徴は「楽観性」が低いことと、「独立性」が高いことです。「楽観性」の低さは、成果に対して楽観的にならずに、不安があるようならさらに努力をするタイプです。また「独

立性」の高さは、他者に影響されず行動する傾向があることを表しています。周りからの印象ではなく自分の価値観で行動するタイプです。

ヒアリングを通して感じたこのタイプのすごさは、自分の行動を責任感や当事者意識から長期間にわたって継続していることです。学校推薦で入学した人で「卒業高校の代表だから今後の後輩のために頑張る」と思った人もいるでしょう。また実際に高校の先生にそう言われた人もいるでしょう。しかし、その思いは大学に入ってからは徐々に薄れるものです。それでも、そのような責任感や当事者意識を維持して成果を出すために行動を続ける強さのある人がＧＰＡ上位に多くいるのかもしれません。

## 上位5%になれる人の特性および企業人事視点での魅力③

### 自分のことと捉えられる当事者意識がある

「親に負担をかけているので、学業はきちんと頑張って一定の成績は取らないと申し訳ない」「高校推薦で入学したので成績が良くなくて出身高校の推薦枠数が減ってしまったら申し訳ない」と感じる人は少なからずいるかもしれません。しかし、実例に紹介した人は、その思いから実際に自分の行動を長期間にわたって律することができた人なのだと思います。

授業料が負担になっていて家計のやりくりをされている親御さんも多いはずです。そして「高い授業料だからちゃんと勉強しろ！」と言われて入学した学生も数多くいると思います。あるいは、高校推薦で入学した人の中には、「うちの高校の代表なんだから頑張れよ！」と言われた人も一定数いるのではないでしょうか？　それによって「入学したら学業も頑張らなければ！」と思った人もいるのではないかと思います。

授業料は親御さんが払っている場合が多く、一般的には返済の必要はありません。また高校推薦で入学したとして、その後の成績が悪くて推薦枠数が減っても自分が困るわけではありません。語弊はありますが、言うなれば他人事です。また当初持っていた「入学したら頑張らねば！」という気持ちが入学後に弱くなっても、人から中傷されたり指摘されたりすることもありません。そのような他人事と考えても問題ないことを自分のことと考える「当事者意識」のレベルが高いのです。

今回面談したような上位5％以内に入っている人は、本来他人事であることでも自分事と捉えて、その気持ちを維持し具体的な行動を継続できたことがすごいのだと思います。

「感じること」「思うこと」と「それを実際の行動に移すこと」「長期間その思いを維持できること」は違います。実際に行動に移すことができる人は、本来自分のことではないことも自分事と感じる「当事者意識」が高いように思います。

仕事では、自分の責務に対して責任感を持つという「当事者意識」は重要です。しかし、「本来は他人のこと」あるいは「自分に明確な責任がないこと」に対しても、「自分も関係している」「自分にも責任の一端があるのかも」と感じる責任感を持っている人は大変貴重です。組織の中では当事者意識を持っている人が大変重要な人材といえるからです。

## 第3節まとめ

- 責任感・当事者意識が高く、長期間にわたって維持ができている。
- 他人に流されず、自己を律して行動することができる。

# 第4節

# 特性4 負けず嫌いで悔しいから

## 立命館大学経済学部　佐藤さん（仮名）　GPA3・4（学部平均2・3）

一般入試ではなく指定校推薦で入学したので、なんとなく周りからは頭が良くないと思われていました（注：あくまでも個人の印象です）。それを払拭したいと思って勉強は頑張ったと思います。特に1年の時は単位を落とすのではないかという恐れもあり、テストの対策やテスト勉強は真剣にやりました。結果的に考えていた以上に良い成績で、学部内の上位15位以内に入ったようで、半期で15万円の奨学金をもらえました。それ以降は、その奨学金がもらえることも学業を頑張れた理由になったとは思いますが、やはり他の人よりも頑張らないといけないと感じていたように思います。

私は小学1年から15年間サッカーを続けてきました。高校3年の時には京都府でベスト16まで進むことができました。中学・高校が受験対策ではなく日常のカリキュラムでの教育をきっちりするという方針だったので、クラブをやりながらも日々の学業もきちんとしないといけない雰囲気でした。私はサッカーを真剣にしながらも、勉強もきちんとして学内では成績も良かったことで指定校推薦に受かりました。推薦で大学に行けたので受験の必要がなく、結果的にサッカーも高3の大会まで出場することができました。このような経験もあり、大学でも課外活動と学業のどちらも手を抜かないことが平気だったのかもしれません。また、どちらも力を入れることが結果的に自分のメリットになると思っていたのかもしれません。

**同志社大学経済学部　松岡さん（仮名）　GPA3・8（学部平均2・6）**

第一志望に僅差で落ちてしまい、現大学に入学しました。それがすごく悔しくて仕方なかったんです。そこから気持ちを切り替えて、学業も学業外活動でも第一志望の大学に行くよりも充実させてやろうと決めて大学生活を送っています。

学業と学業外のバランスは、他の学生と変わらないです。ただ、どちらも充実させることが目的だったので、両方の密度は他の学生の方より圧倒的に濃いと思います。GPAが高いのは、入学時のその思いを維持できていて、学業と学業外活動の濃さが大学時代を通して変わっていないからだと思います。

学業における成績は、明確な定量的評価なので、大学生活を充実させた自分なりの証として必要だと考えていました。経済学部は、出席を取らずに成績評価はテスト一発で決まる授業が多かったので、単位を取るだけなら授業に出なくとも大丈夫でした。でも私は良い成績を取ることも目的にしていたので、当然授業には出席してきちんと理解するようにしていました。その授業で感じた疑問などは躊躇なく質問できていたことがテストでも好成績につながっていたと思います。また、私と同じようにある一定以上の成績を取っておきたいと考えている友人が近くにいたことも要因だったと思います。

## 早稲田大学政治経済学部　百川さん（仮名）　ＧＰＡ３・３（学部平均２・４）

ＧＰＡが高い要因の一つは、負けず嫌いな性格だと思います。私には2歳年上の兄がいて、物心がついたころから、常に兄が先に何かをできて母に褒められていました。私はそれを真似て、兄よりもうまくなって褒められたいと考えて努力していたことを覚えています。そのように思って過ごした結果として、「勝負して勝ちたいという性格」になったんだと思います。

大学入学当初から、親が授業料を払ってくれているんだから、絶対にＧＰＡ３・０以上は維持しようと決めていました。学祭実行委員会に入っていましたが、そのサークルは部員間で互いに自身のＧＰＡを言うこともよくあるサークルでした。人に伝えるのなら、絶対に負けたくなかったのでサークルの中でも高いＧＰＡを取ることを意識しました。

中高から、授業中の先生の様子を見て「どのあたりがテストに出るのか？」を考えながらノートをとっており、大体わかるようになっていました。テスト勉強になって、他の人は最初から勉強しますが、私はどのあたりが出るのかがある程度わかっている状態からのスタートなので効率的に短い時間で試験勉強ができました。また先生がシート等を配る授業では、必ずしも教科書を買う必要がないんです。でも、私は必ず教科書を買いました。それは授業では話していないけど、教科書には載っている重要なことがある場合があるので、教科書で勉強することで良い成績が取れるからです。

レポート試験は得意です。目の付け所が他の人よりも良いことと基本的な国語力の差だと思います。私はニュースを昔からよく見ています。政治経済学部のレポートはジャーナリズム的な視点が必要なので、ニュース等の知識があることで、他の人がふつうに調べて出してきたものと違う視点で書けるんだと思います。国語力は論理的にわかりやすく説明できる文章を書く力だと思います。

## 現在の大学環境④

実例の立命館大学の佐藤さん（仮名）は指定校推薦でした。指定校推薦と一般入試合格者の学力差に関しては、あくまでも佐藤さん個人の印象ですが、それが学業を頑張る動機になったことは間違いありません。

一方で、入学試験の形態が多様になり、同じ大学・学部でも学力のバラつきがあることは事実のようです。あるいは入学試験の科目も選択できるので、数学をどのレベルまで理解できているのかも大きく違う場合があります。また留学生も増えているので、学力のレベルのバラつきは大きくなっているようです。

同志社大学が発表した2020年入学者構成では、同志社大学の実施する一般試験を合格して入学した学生は全体の47・4％です。約半数が一般試験以外での入学者になります。具体的には、指定校推薦23・5％、法人内学校推薦17・2％、外国人入試2・7％、公募制推薦入試3・1％、ＡＯ入試0・5％などです。

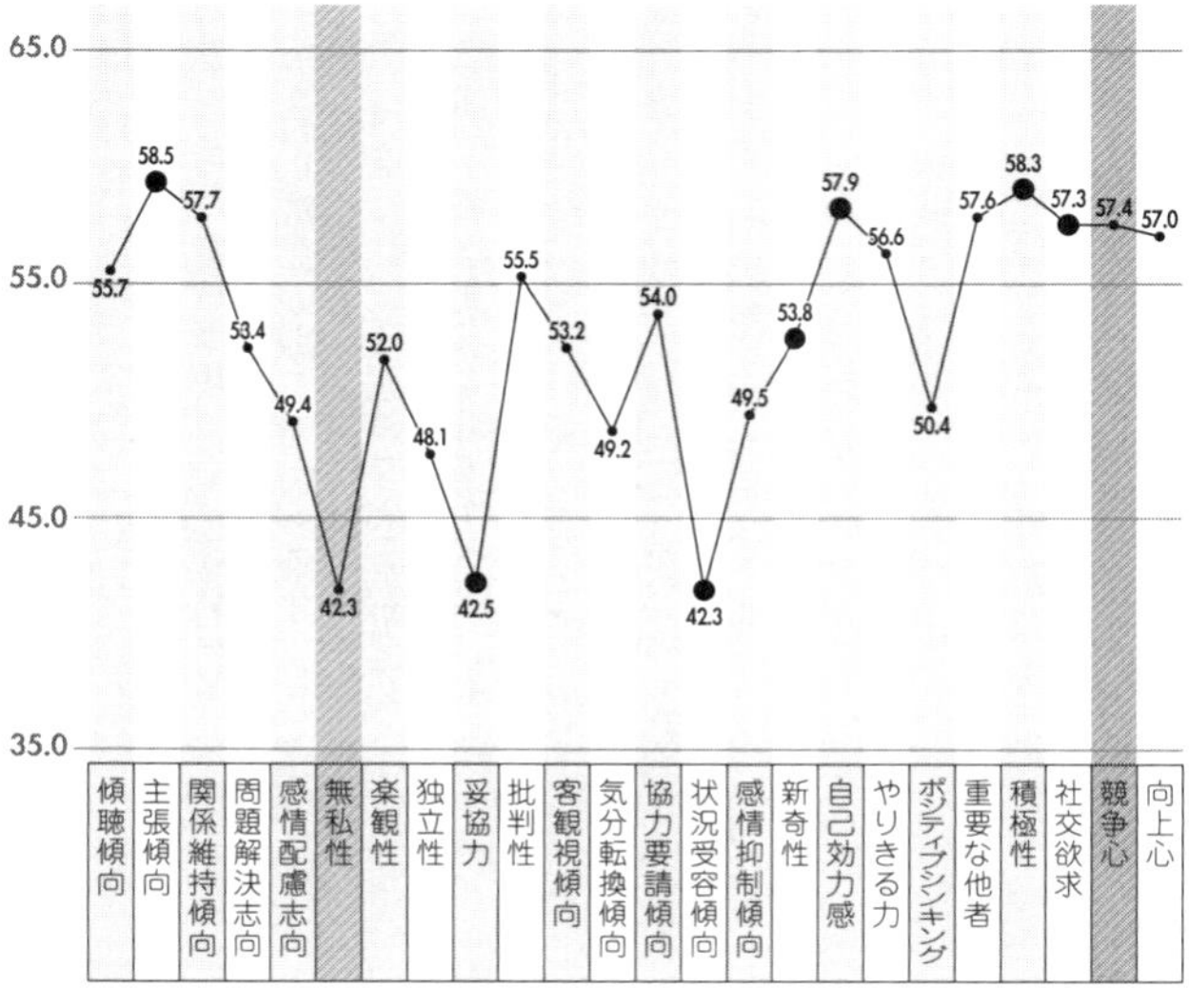


図4　特性4該当者

当然大学や学部によってバラつきはありますが、大学の入学者の選抜の形態はさまざまになっています。

## 適性検査「ミキワメ」からわかる特性④

**「ミキワメ」の指標では**

「競争心」が高い、「無私性」が低いタイプ

**⬇勝ち負けにこだわり、他者から評価されたいタイプ**

該当者27人／84人中　32.1%

**該当者の平均タイプ（図4）**

**GPAが上位になる要因**

競争することが好きで他者から評価されたいタイプの中で、GPA上位5%に入る人は大きく2つの特徴があります。1つは「主張傾向」「積極性」「新奇性」「社交欲

求」が高いことです。それは広い関心を持って新しいことに取り組もうとする資質を持っているということです。負けず嫌いなので得意なことだけをするのではなく、新たなことに対しても行動するタイプです。2つ目は「自己効力感」が高く、「妥協力」「状況受容傾向」が低いことです。つまり努力すれば成果が出せると考えており、そのためには簡単に妥協しないという資質を持っているのです。本節の冒頭の例の学生も、得意なことだけでなく自分のしたいこと・やるべきことなど幅広く行動し、それらに対して負けないように努力をしているように思います。

つまり、GPA上位5%に入るような負けず嫌いの人は、「したいこと」「やるべきこと」など幅広い範囲で「負けないよう行動しようとする」ということがいえます。

# 上位5%になれる人の特性および企業人事視点での魅力④

**持続的な努力のできる負けず嫌いは必ず伸びる**

実例に挙げた学生の「負けず嫌い」には共通の要素があります。それは持続的な努力ができる負けず嫌いだということです。負けたくないという気持ちを持って短期間の努力ができる人は数多くいます。しかし、ＧＰＡが上位５％に入っている人は、その気持ちを継続させていることがすごいのです。実例に挙げた同志社大学の松岡さん（仮名）は面談で、「第一志望を落ちた悔しい気持ちから、学業も充実させると考える人はけっこういますが、大学４年間を通してその気持ちを持ち続けている人は少ないと思います」と話しています。

期待されている実感がある場合や、目の前で誰かに応援されている場合、また多くの人が自分と同じように頑張っている場合には努力を継続できます。しかし、大学での学業はそのどれにも当てはまりません。多くの学生は、学業に力を入れているわけでもなく、単位さえ取れれば良いと考えています。就職活動においてもあまり参考にもされず、詳しく質問されない場合が多いことも事実です。それでも努力を続けることができるために「負けず嫌い」は大きな力になるのかもしれません。

どのような仕事に就いても、すぐに成果が出せるものではありません。また入社すれば毎日８時間程度の長時間、年間２３０日程度の長期間働くことになります。そして毎日の仕事は同じような業務を繰り返すことが大半です。そのような環境で徐々に経験や勉強を重ねて、スキルを身につけていきます。仕事のうえで、継続的に努力できるということはきわめて重要な資質です。それを担保できる要素の一つが「負けず嫌い」「競争心」などだと思います。

**負けず嫌いは納得する水準があるから良い**

負けず嫌いとは、「○○に負けたくない」というような、ある対象を想定しています。実例にあるように「同じ大学の周りの人」「第一志望の大学で送れたかもしれない生活」などです。対象があるということは負けてない水準、納得できる水準がある程度イメージできています。水準や定量的な目標があることで、必要な努力のレベルがわかります。負けず嫌いな人の強さは、自分で納得できる水準があるので、それを超えて初めて満足できるということです。「自分なりに頑張った」とか「結果は出なかったけど仕方ない」とは思えない場合が多いようです。

成果を求められる社会や企業においては、このような納得できる水準が明確であることは重要です。「自分的には頑張ったと思います」よりも「○○に達する程度には頑張った」と言えるほうが、周囲からは信頼されやすいものです。そのようなわかりやすい水準を超えることで自分が納得できる「負けず嫌い」という資質は、企業にとっては大変重要な資質です。

### 能力を伸ばす負けず嫌いのタイプ

負けず嫌いにもいろいろなタイプがあります。良くないのは「負けたくないから勝負をしない」「負けた気になるのは嫌だから真剣にはならない」というようなタイプです。

人事・採用の視点から見ると、良いと思えるタイプの人は「負けないためには、自分が努力しよう」とか「今は負けているが、〇〇ができるようになれば勝てるかもしれない」というように考える人です。

学業においてGPAを高めるべく頑張った人には、この良いタイプの負けず嫌いが多いように感じました。つまり自分が得意だから学業は頑張るのではなく、学業も学業外も両方頑張る。GPAを高めるため（負けないため）には、自分に不足しているものを努力して埋める。そのように考えています。またそれができるのは、努力をし続けてきた自信、これからも努力しようという意思があるからだと思います。

一方で面談をして、負けず嫌いの人たちには前向きな明るさを感じました。負けず嫌いが行き過ぎてしまうと、少しネガティブな暗い悲壮感のあるイメージになるものですが、彼らはポジティブで明るい感じの印象だったのです。「第一志望の大学に落ちたので、仕方ないから学業では負けないように充実させよう」という考えではなく、「せっかくなら学業だけでなく学業外でも負けないようにしよう」というような明るいポジティブな負けず嫌いは、より魅力的に感じました。

## 第4節まとめ

- 短期間の努力ではない、継続的な努力ができる「負けず嫌い」だから伸びる！
- 納得できる水準を設定し、それを越えていくために努力ができる。
- 得意なことに収まらず、チャレンジする積極性や柔軟な努力が肝心！

## 第5節

# 地頭が良くて人より時間がいらない

**特性5**

**関西大学政策創造学部　古山さん（仮名）　GPA3・6（学部平均2・2）**

実家が九州なので、関西の大学に行くために親への負担をなるべく減らすことを入学時から決めていました。具体的には、学費（107万円／年）のすべてと生活費の一部は自分で出すことにしました。だから高いGPAを取ってできる限りの奨学金をもらって学費の大半を賄う必要がありました。一方でどうやっても奨学金だけでは足りないし、就職活動で話せるネタを増やしておく必要もあったので、アルバイトやインターンなどもいろいろ経験しました。だから他の学生よりも学業外に時間を割いていたように思います。感覚でいうと学業と学業外のバランスは2・5：7・5くらいです。大学と企業が連携した長期の広報プロジェクトや、スマホの販売の長期インターンなどです。週に3日程度はカフェのふつうのアルバイトも入れていました。

奨学金に必要なレベルのGPAの獲得は、学業での行動の効率をうまく高めれば学業外活動の支障にならずに達成できると考えていました。具体的には授業は休まずに出て、絶対に授業内ですべて理解してしまおうと考えていました。また、授業は基本的に一番前の席で受けました。先生も一番前で真剣に聞いている学生には優しいので、気に入られるような行動をしました。気に入られるようになると、授業後に質問などをするタイミングで、試験で出るようなところのヒントなども教えてもらえるようになります。どうせ授業に時間を使うんだから、そこまで時間をかけずにできることは実行していたように思います。

試験対策の効率を高めるためにもう一つしたことは、仲間を作って試験対策をすることです。自分と同じようにGPAを高めたい、そしてできるだけ効率的に試験対策をしたいと考える仲間を3人見つけて分担するようにしました。受講科目を分担して過去問題の収集や分析をし、必要に応じて4人で協議・勉強することで効率が高まったと考えています。

**慶應義塾大学総合政策学部　西川さん（仮名）　GPA3・7（学部平均2・7）**

大学では高校までと違っていろんな分野や幅の勉強ができるので興味を持っていました。先輩や友人からは「就職には勉強よりも課外活動をしたほうが得だ」とは聞いていましたが、高校時代の留学経験や大学に入ってからのサークルやNPO法人の活動など、就職活動で話せるネタには困らないと思っていました。なので1年から自分の興味に従って授業を取っていたと思います。（＊高校2年生の時に、スペイン語が話せないのにスペイン語圏のパナマに留学し、辞書とスマホを片手に四苦八苦しながら授業の内容を何とか理解し、必死で現地の高校生に遅れることなくついていった1年間の留学経験を持つ）

レポートは得意だったので、そのことがGPAの高い一つの要因だと思います。たとえば「法律学」では中間のレポートで優秀賞などに選ばれて大きく加点されていたと思います。

授業中に理解して必要な部分はノートに写したり、ポイントをメモしたりしました。それと同時に「今日の授業から試験に出題されるとしたらこのあたりかな？」とか「この先生は、教科書に書かれていることと違う主張を持っているのかな？」などを考えながら授業を聞いています。人は話し方に、その人の意見や主張が必ず出てしまいますよね。授業でも先生が繰り返して話すところや、なんとなく批判的な言い方をしている場合などからわかると思います。

レポートを書く際には、「この先生なら○○の視点で書いたらより興味を持ってくれるかな？」とか「逆に反対の視点から主張したら面白いと思ってもらえるかな？」なんてことを自然と考えて書いていると思います。

**早稲田大学政治経済学部　長谷川さん（仮名）　GPA3・5（学部平均2・4）**

記憶力が他の人よりも良いと感じたことはありませんが、授業の内容を理解する力は若干高いかなとは思います。授業が終わった時点で、今日の授業の内容が「なんとなくわかっているだけ」なのか、それとも「きちんと理解できているのか」という違いはわかっているんだと思います。たとえば「ゲーム理論」の「理論の内容自体は理解できている」のと、「具体的な課題をゲーム理論で実際に解くことができる」のとでは違いがあるような感じです。私は授業を聞いて「自分で具体的な課題が解ける」と感じて初めて理解できたと考えているように思います。私はこのように授業の内容を聞きながら、「実際に自分で解くことができるか」というように考えて自分なりに理解のレベルを確認しているように思います。

もともと、いろいろな物事や事象の関連性や因果関係がすごく気になるんです。「AとBがよく同時に起こるのは、Aが起こると、それが原因になってBが起こるようになる」のと「単にAとBは同じような場合に起こりやすいだけ」とは違うじゃないですか？　このように物事を構造化して理解する癖があるので、論述の試験は得意だったと思います。「ここを聞かれたらこう説明すればよい」とかが頭の中で整理されているからだと思います。逆にいえば、その整理ができていないというのは、ちゃんと理解できていないんだと思います。

もし、授業が終わった時点で「自分なりにわかった」と思えていなかったら先生に聞きに行きますし、授業中にチャットで聞くこともします（＊授業によってはスマホから授業中にチャットで意見や質問を送れる場合があります）。だから多くの場合で授業が終わった時点できちんと理解できているんだと思います。

# 現在の大学環境⑤

今回のヒアリングで、現在の成績評価について多くのことがわかりました。この場でまとめて成績評価について説明します。ただし、面談した学生自身の感覚や印象、記憶をもとにしているために、事実との差があるかもしれません。しかし、学生はこのように捉えているという事例としてご承知ください。

**〈真面目なら良い成績が取れるテスト〉と〈真面目なだけでは良い成績は取れないテスト〉**

ＧＰＡが上位５％に入っている学生は、多くの授業で他の人よりも良い成績を取っています。全員に「なぜ他の人よりも良い成績が取れるのですか？」と質問をしています。多くの人が「きちんとノートを取って勉強すれば、誰でも良い成績を取れると思いますよ」という回答をしてきます。そこでさらに「では、あなたと同じような勉強時間、勉強方法を実践すれば、誰でも同じ成績になりますか？」と質問すると初めて、「同じ成績を取れる授業と、それでは取れないと思う授業があります」と言います。すなわち一定レベルは、努力さえすれば、その大学に入学している人なら誰でも良い成績が取れる授業があるようです。また一方で単純な努力だけでは良い評価が取れない授業があるようです。

努力だけで良い成績を取れるテストとして、多くの学生が挙げるのが穴埋めテストのような正解があるテストです。また教科書や授業で話した内容を理解していれば正解がわかるテストです。これらのテストは、授業の中に正解があるので、授業の内容がわかるノートがあり、それを試験前にきっちり理解し記憶しておけば良い成績を取れると考えているようです。「単位さえ取れれば低い評価で良い」と考えている人は、過去の問題や学生間の情報から、試験に出そうなポイントだけを試験対策として勉強します。一方で良い成績を取る人は、授業でやった全体を勉強の範囲として理解・記憶することをしているようです。つまりこの差が成績の差になります。

一方で、努力だけでは良い成績を取れない試験の代表的なものは「レポート試験」「論述試験」です。たとえば法学部では、実際の事例に対して、法令に沿って自分なりの判断を論述するような問題が多いようです。その際に、授業で習った基本的な法令の解釈が正しく、それに従っていれば合格はするが、その程度では最高評価を取ることはできないようです。たとえば、事例の状況によって、関係する法令の数や、解釈できる幅なども違うからです。それらを俯瞰して整理できており、その中でこの事例はどう判断すべきなのかまで論述して初めて良い評価になる場合があるようです。このように、「事例を多様な視点で捉えられるか」「関係する法令の幅やその解釈の網羅性や順位づけのレベル」などによって評価が決まるようなテストは理解力や知識、そして論理構築力やテスト時間内でまとめるスピードによって評価に差が出ます。

これらのようなテストの違いは、大学・学部によってもさまざまでした。また理系と文系でも違うでしょう。今回面談した文系学生は経済学部など一部を除いては、数学・理数系科目のように論理と公式を当てはめて計算問題を解くというような試験はありません。理系ではそのような問題が多く出ますので、理系に関しては違う状況とお考えください。

## 瞬発的な対応力が試される評価方法

中にはグループワーク、ディスカッション、ディベートなどを組み込んでいる授業もあります。ゼミなどは、このようなタイプに属するものが多いと思われます。こうした授業では、知識だけでなく瞬発的な理解力・論理構築力が重要です。またそれを表現するコミュニケーション能力も重要になってきます。今回面談して、人事・採用の視点から見て「地頭が良さそう」と感じる学生、また「コミュニケーション能力が高そう」と感じる学生には、ディスカッションが得意な人が多かったです。

企業の採用活動では必ず面接による選考をします。またディスカッションやグループワークを選考で実施する企業も多くあります。どちらも質問や周りの意見を理解して、口頭で自分の意見を説明し納得してもらうことが必要です。おそらくグループワーク、ディスカッション、ディベートなどの授業で個人を評価する時と、企業が採用選考でのディスカッションやグループワークで個人を評価する時は、同じような視点で同じような能力について判断しているはずです。ですので、もし大学の授業でのディスカッション等の評価が正確かつ厳格にされていた場合には、企業はその評価を採用選考の評価でも参考にできると思われます。

## コロナ禍での授業形態・評価方法

２０２０年から大学の授業や成績評価は大きく変化しました。今後も大学の教室や実験室において対面で行う授業もあれば、ＷＥＢ等を使った授業もあるカリキュラム構成になっていくのではないでしょうか。

大学の教室で授業をしない場合の授業方法は大きく分けて3種類のようです。１つはZoomなどを使ってリアルタイムで授業をする方法です。この方法は授業中に発言を求めることもでき、学生からもリアルタイムで質問ができます。２つ目は事前に撮影した授業をオンデマンドで受講する方法です。これらの授業は動画をアップした日から1週間以内の視聴に限定するなど、視聴できる期間を制限して通常の授業のペースに近くなるようにする場合も多いようです。もう１つは動画ではなく、資料をダウンロードさせて、その資料を読んだうえで課題の提出をさせるという方法です。語学の授業などにこのような形態が多くあるようです。

評価方法に関してはレポートが増えています。レポートの評価に関しては、厳格な大学では、他人のレポートや関連資料からの流用などを防止するようなソフトを導入しているところもあるようです。そのような大学・学部等では授業の動画を見るのは当然ですが、レポート等に割く時間が増えたために、学生はコロナ以前よりも学業に関わる時間が増えているようです。

中には、コロナ以前と同じようなテストをWEB上で実施しているので、学生間で試験中に解答をスマホで伝えられるような緩い場合もあるようです。いずれにしても、コロナ以降は大学・学部や教員によって授業形態も成績評価の方法も変化しているようです。つまり、今後は今まで以上に、大学・学部や教員の考え方によって成績評価の厳正さや信頼性は大きく変わってくるといえるでしょう。

## 適性検査「ミキワメ」からわかる特性⑤

地頭の良さは「ミキワメ」での調査項目の対象から外れているため本節での記載はありません。

# 上位5%になれる人の特性および企業人事視点での魅力⑤

## 「頭の良さ」＋効率的な行動がGPAを高めている

今回面談をした学生たちは偏差値の高い有名大学の文系学部に入学し、その中でも学業において上位5%以内に入っている学生です。つまり全員が「頭の良い人」といってもよいでしょう。しかし、同時に「勉強しかしていない」という人はいませんでした。一般的な学生と同じ程度に学業外の活動をしています。場合によっては、それ以上に学業外の活動をしている人も多くいました。

面談をして気づいたことは、GPA上位5%に入るような学生の人は、学業において効率的な時間の使い方をしている人が多いということです。当然、頭が良くて他の人よりも少ない努力や短い時間で、必要なことを覚えられるという人もいました。あるいは他の人が理解できない内容も簡単に理解できるという人もいました。このような頭の良さを持っている人もいることは事実です。でもそれらの人たちも、何も考えずに受動的に授業を受けていただけで成績が良かったのではなく、学業の成果を出すために効率的に考え、行動しているように思います。実はGPAの上位5%に入れるような「頭の良さ」とは「頭の良さ＋効率を考える」という2つを併せ持っていることだと思います。

効率的に考える素養は仕事においてはきわめて重要な資質です。仕事は長時間・長期間の継続的な業務の連続です。その業務をいかに効率的にできるかを考えて実行できる人が、仕事のレベルや品質を落とすことなくスピードを高められます。また指導された通りにするだけでなく、自分で考えて行動する人は必ず伸びていきます。効率をどう高めるかを考える頭の良さがGPAを高められる頭の良さなのでしょう。

## 面接で地頭が良いと感じられる人とは

企業の採用場面ではよく「地頭が良い人を採用したい」など、地頭という言葉を使います。地頭を辞書で調べると「大学などでの教育で与えられたのでない、その人本来の頭のよさ。一般に知識の多寡でなく、論理的思考力やコミュニケーション能力などをいう」と書かれています。

企業の採用面接は、口頭で志望動機や自己PRを話します。あるいは面接官からの質問に対してもすべて口頭で回答します。つまり面接において地頭が良いと感じられる人は、口頭での質問や回答の繰り返しにおいて、「頭が良い」と感じられる人です。

具体的には、

**①質問していることだけでなく、面接官の知りたいことや意図も理解できている**
**②質問に対しての最も妥当な回答を幅広い視点から考えている**
**③その回答の根拠や理由も、表面的でなく納得できるものである**
**④これらの質問や回答を整理してわかりやすく話せる**
**⑤この一連の流れを速いスピードでこなせる**

というようなものです。

面談をした人の中でも「面接においての地頭の良さ」を感じるタイプの学生は、レポートや論述試験が得意な人が多かったように思います。面接もレポートも、すべてを文字（言葉）で説明します。図や表を使って説明するのとは違い、言葉の選択や話す順番を間違えれば伝わりません。難しいことをレポートで論理的にわかりやすく伝えられる人は、面接においても難しいことを論理的に整理してわかりやすく伝えられる力があるのだと思います。

**採用面接で「地頭が良い」と感じる人の学業行動**

面接において地頭の良さを感じられやすい学生に多い授業での行動があります。

それは授業中に、授業の内容を理解しているだけではないことです。頭の中では、授業を聞いて内容を理解しようとしているのと並行して、同時に別のことに頭を使っている人が多いのです。具体的には授業の内容を聞き、理解しながら、別の授業の課題を同時にしている。あるいは先生が話している内容を聞いて理解しながら、先生の意図や、試験やレポートになりそうなところを探している。または、授業で教えられた理論などを理解しながら、それは現実のどんな事例に当てはまるのかを考えている。このように授業の内容を理解すると同時に、別のことを並列処理しているような感覚で授業を受けているようです。

仕事のできる人の多くは、同じように頭の中で同時に複数のことを考えています。先方の意見を聞き、理解しながらも、「先方はなぜこのような意見を持っているのか？　その背景は？」と考えるような思考です。前述したように、面接で地頭が良いと感じられやすい人の要件は幅広く深く考え理解できることですが、重要なことは⑤「速いスピード」でそれができるということです。授業中という限られた時間で、いくつかのことを同時に頭の中で考えたり、整理したりしながら授業を受けることで、そのスピードが鍛えられていることは間違いないと思います。

## 第5節まとめ

- 頭が良く、少ない時間に中で必要なことができるだけでなく、効率的な行動ができ、人よりも時間がかからない。
- 授業中という限られた時間の中で、地頭の良さを磨く行動をしている！

# 第6節

## 特性6 継続的に真面目に努力できる

### 青山学院大学国際政治経済学部　高村さん（仮名）　GPA3・7（学部平均2・6）

小学生の時からある程度は良い成績を取りたいタイプで、周りからも「真面目だね」って言われていました。昔から性分としてやるべきことはきちんとしないと気になるタイプです。中学から青山学院なのですが、真面目な性格もあって部活でも部長やリーダーを任される場面が多くありました。リーダーとして、みんなをまとめなくてはいけなかった経験が、やるべきことをきちんとするという性格をより強めたのかもしれません。

学業に関して他の人と違うのは、授業中に先生の話をすべてパソコンにタイピングしていることです。実は中学でタイピングの授業があり、そのテストのために真剣に練習したことで、話すスピードと同じレベルのスピードでタイピングできるんです。だから授業でも、先生の話を聞きながらタイピングしています。それを家でノートにまとめるのです。授業の内容を記憶しているうちにタイピングからノートにまとめるので、その際に授業のポイントや先生の意図などが整理できるんです。ノートにまとめる際には、そのようなポイントや意図がわかるようにノートに整理するので、その時点で授業で習ったことが整理されて頭に記憶される感じです。

学業外では学生団体に所属しており、他の人と同じようなレベルで活動していました。ただ、夜にはタイピングをノートにすることが日常だったので、他の人より勉強に時間をかけていたと思います。

**早稲田大学法学部　小川さん（仮名）　GPA3・5（学部平均2・4）**

学業と学業外活動のバランスは、他の人が5：5とすれば、日常的には6：4くらいのバランスです。その差は、授業でやったことをその日中に見返したり、寝る前に判例を読んだりすることです。法学部はほとんどの試験が期末試験だけで成績が決まるので、試験前の1カ月くらいは8：2くらいの割合で勉強へシフトさせていました。試験で良い成績にならない解答は、法律の表層的な部分しか捉えていない解答だと思います。A＋（早稲田の最高評価）が取れる解答をするには、授業の内容をきちんと理解できていることは当たり前ですが、関連する書籍を読んだりして、理解の幅や知識の幅を広げておく必要があると思います。

事例問題は、A4の紙に1500字程度で書かれた事例を読み、解答を書きます。事例の中にはさまざまな課題やポイントが含まれているので、それに対して自分なりの法的解釈をする必要があります。授業の理解が薄く、関連書籍などで事例や知識を深めていないと、それらを見落としてしまい正しい解答が書けないと思います。

私はインプット（覚える・理解する）するだけでなく、アウトプット（考える・書く）の練習もしていました。実際には日常の延長で1カ月前にはある程度のインプットは終わらせておきます。私は司法試験を目指していませんが、司法試験を目指す人向けの問題集を利用しています。1カ月前からはその問題集などを使って、実際の事例を解いています。それによってアウトプットする訓練をしていたことが成績につながっていると思います。

**慶應義塾大学商学部　増田さん（仮名）　GPA　3・6（学部平均2・4）**

他の人に比べて勉強にかけている時間は少し多いほうだと思います。たまに予習や復習をしたりするのでその時間が違うと思います。授業の内容を効率的に頭に定着させたいので、日常的に時間を見つけて予復習をするようにしています。高校の時から、継続的に勉強することを実践していて、そのペースに慣れています。そうすることがスポーツと学業の双方に良い影響を与える好循環になっていると思っているからです。

私は小さい時から地元のスイミングクラブに所属し、水泳を17年間にわたって続けています。練習は週7日で毎日だったので、勉強も毎日コツコツしないといけない状態でした。疲れていても毎日コツコツとやることは、体に染みついているように思います。

コツコツ勉強したことで成績も良かったので、高校の進学もできて水泳も続けることができたんだと思っています。

そのコツコツ勉強していることで、高校でも成績が良くて推薦で慶應に入ることができました。推薦で決まり受験勉強をする必要がなかったので、スイミングクラブでの水泳を続けることができて、高校3年の大会で全国3位になれました。スポーツと学業を日々両立させたことで、双方の好循環があったと思っています。

大学でも水泳を続けています。週5日の練習で朝練もあったのですが、コツコツ勉強することには慣れているので、GPAが高いんだと思います。学業に力を入れても就職には関係ないとは聞いていますが、それでも学業にも力を入れている理由は2つだと思います。1つは学業とスポーツの両方で頑張るのをやめることが自分的には「負ける」という感覚だからです。自分の中では負けたくないという思いが強くて、今でも両方やっています。もう1つの理由は、どんな学問でも必ず「学び」になることがあると思っているからです。だから幅広く授業を取っています。

# 現在の大学環境⑥

真面目に授業さえ出ていればＧＰＡが高くなると考えておられる読者も多いのではないでしょうか。それは出席することで加点になり、テストの点数に上乗せされる授業が多いとお考えだからではないでしょうか。

出席自体が加点になって、それによって成績が良くなるような授業は少なくなっています。学生からのヒアリングだけでの情報なので、個別の大学や学部の現状を具体的にお伝えすることはできませんが、出席自体で加点になるような授業はほぼないと言っている学生もいます。つまり出席は単位取得の条件ではあるが、それによって評価が上がることはないということです。一方で「語学系では、出席自体が加点要素になっていると思う」と言っている学生がいることも事実です。大学や学部、あるいは授業の形式によってバラつきはありますが、出席自体を加点要素にする授業が減ってきていることは間違いないようです。

また、講義終了時に授業の内容等についての質問への解答（リアクションペーパー）の提出を義務付けている授業が多くあります。それは出欠管理の意味合いもありますが、リアクションペーパーの質を毎回評価して成績をつけているのです。今回の面談者の中でもリアクションペーパーの解答内容の質の高さが良い評価につながっていると言う学生も多くいました。

文部科学省も「シラバス（学生に授業内容、成績評価方法を公表するもの）による成績評価基準等の明示」を推進しており、2010年（平成22年）の発表では学部においては95％の大学が成績評価基準をシラバスで公表しているようです。また大学によっては、「出席回数を成績評価に入れることを禁止」している大学もあります。

今回の学生からのヒアリングでは、現状では大学・学部・授業によっては、出席回数の加点はまだまだ残っているようですが、その数はどんどん減ってきているものと思われます。

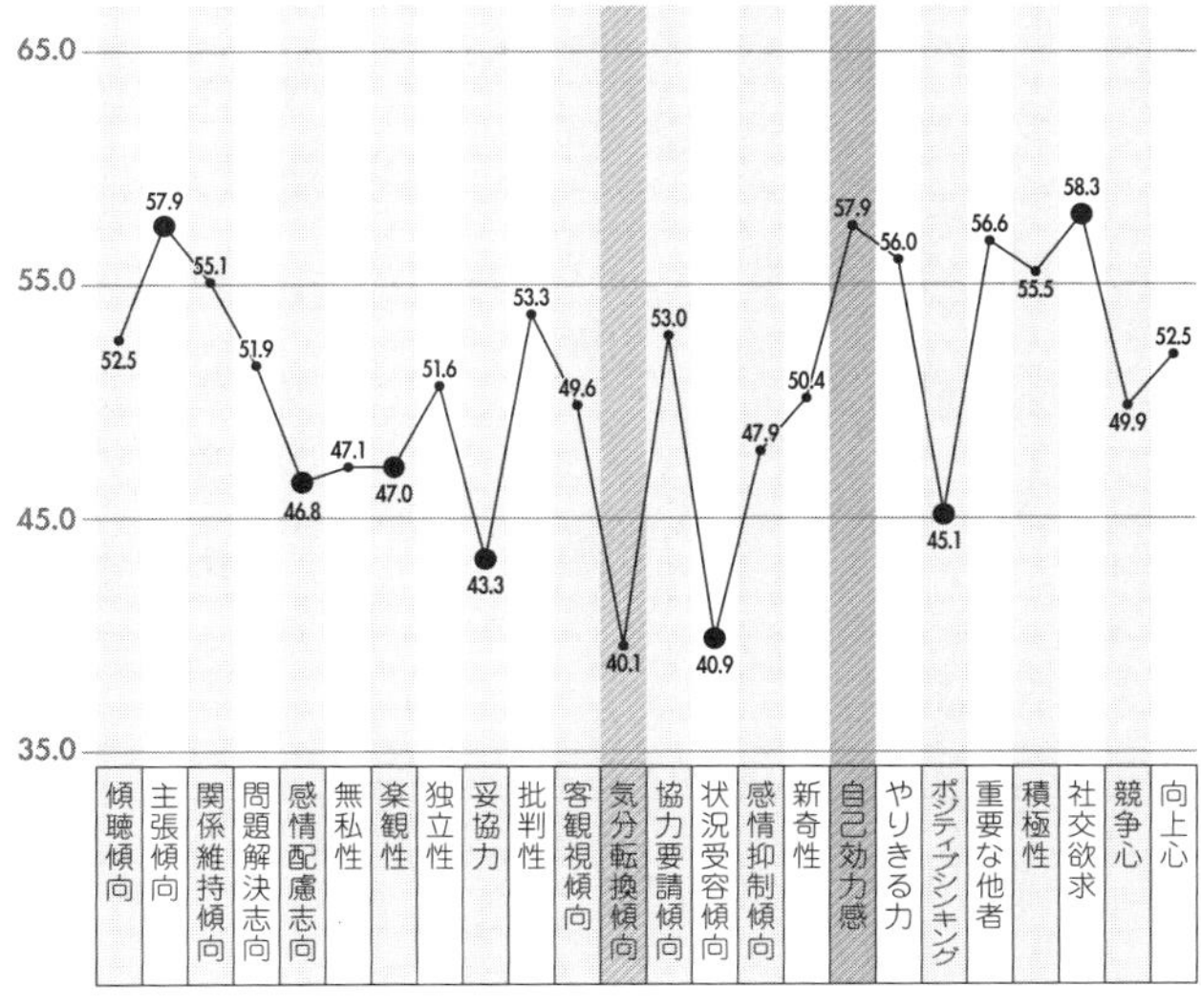

図5　特性6該当者

## 適性検査「ミキワメ」からわかる特性⑥

### 「ミキワメ」の指標では

「自己効力感」が高く、「気分転換傾向」が低いタイプ

**➡努力の成果を信じて課題解決に取り組めるタイプ**

該当者27人／84人中 32・1％

### 該当者の平均タイプ（図5）

### GPAが上位になる要因

継続的、真面目に努力できるタイプの中でも、GPA上位に共通する特徴が「ポジティブシンキング」が低いことです。「楽観性」も低い傾向にあります。つまり単位取得や成績に関して楽観的に考えていないということです。ヒアリングの中でも「私は単位を落とすのではないかと不安に思って1年の時はすごく勉強しました」「テス

トに出そうなところだけの勉強ではなく、授業でやったこと全般を勉強しました」というような、安易に成果を出せるとは考えないタイプが多いように思います。それが成果を出せると感じるまで努力を続ける理由になっているのでしょう。同時に「状況受容傾向」「妥協力」が低いのは状況に流されにくく妥協しない傾向があるということです。

また面白いのは「社交欲求」「主張傾向」は高いものの、「感情配慮志向」は低いことです。実際のヒアリングでも「授業は1人で受けるけど、友人とはよく遊びますよ」「授業での行動と、それ以外での友人との行動は別に考えています」というように、友人との交流を望むけれども、友人がサボろうと言っても自分はサボらない。「それとこれとは別」という志向が強いのです。このように「それとこれとは別」といえるような友人関係を築けていることも重要なのかもしれません。

## 上位5％になれる人の特性および企業人事視点での魅力⑥

### 徹底して「真面目にできる」ことは才能になる

実例に上げた青山学院大学、早稲田大学、慶應義塾大学の3人は、真面目だったからGPAが上位5％に入るほど高かったと答えました。しかし、一般的なイメージの真面目さではなく、圧倒的にレベルの高い真面目さのように思います。つまり真面目さが強みになっている例だと思います。

たとえば青学の高村さん（仮名）は真面目さからタイピングを真剣に練習し、それによって他の人ではできないやり方で、授業の理解を深めています。またその真面目さゆえに周りからの信頼が厚く、リーダーとしての責務を果たしているようです。早稲田の小川さん（仮名）は、日常である程度理解できているので1カ月前から他の人がしていない訓練ができています。それも司法試験を目指していないのにもかかわらずです。慶應の増田さん（仮名）は小さいころから疲れていても日々コツコツ努力してきたことで、ふつうの人にはなかなかできない学業とスポーツの両方を実践し、双方で成果を出しています。

3人とも、小さい時から真面目に努力することを続けてきています。多くの人が幼い時には指導されたことを真面目にしていた時期もあったはずですが、成長する過程のいつからか、楽な方向に流されたり継続することを放棄したりしてしまいます。しかし、幼い時から真面目に努力することを継続してきた「強さ」には目を見張るものがあります。おそらく社会人以降も、その真面目さは彼ら彼女らの圧倒的な強みになっていくと思われます。GPAの上位5%に入るレベルでの「真面目さ」はきわめて貴重な才能だと感じます。

## 真面目に努力できることはきわめて重要、でも面接でわかりにくい

企業の面接で「真面目な人」「真面目なタイプ」などと表現する場合には、良い評価ではない場合が多いといえます。しかし、実際の仕事において「真面目に努力する」ことが必要でない仕事はありません。実際に真面目に努力ができない人は成長しにくいはずです。採用面接場面で、真面目であることがあまり良いイメージに捉えられていないのは、「真面目以外に取り得がない」「主体的には行動しないで、他者から言われたことを受動的にしているだけ」というように感じられているからだと思われます。

仮に、採用面接において応募者が自分の真面目さを自己PRする際の表現として、「真面目に行動しているから信頼され、結果的にリーダーシップがある」「自分の考えを必ず実現

できる実行力がある。それができるのは計画したことを真面目に着実に継続させせるからである」というならどうでしょう？　真面目であることがきわめて重要な資質になります。このように他の資質を支える真面目さや主体的な真面目さは、企業の欲しい人物像の要件として重要です。

一方で、この真面目さを面接で判断することはきわめて難しいことです。多くの場合は「真面目そうな風貌」「真面目そうな話し方」「真面目そうな印象」に左右されがちです。

真面目さは、一定の長期にわたって、職場や学校で一緒に過ごしていたら簡単にわかります。「彼は一見いい加減そうだけど、一度決めた約束は真面目に守っている」「実は一度も遅刻したことがない」「人が見ていないところでも、ちゃんとやるので仕事にムラがない」というようなことは一定期間過ごせばすぐにわかります。ところが面接では、このような事実を見ているわけではなく、口頭での説明を聞いて判断するしかないのです。そのため面接で判断することは難しく、見た目などの印象に左右されがちなのです。

すべての大学で、卒業には124単位以上が必要です。そして講義科目の2単位は90分15回か100分14回と決まっています。そしてその結果として成績が付与されています。この成績は大学が証明してくれる事実です。面接では、この証明できる事実（エビデンス）

をうまく活用することで真面目さを伝えることがしやすくなります。また企業の採用では、それを活用することで真面目な資質を確認できます。

今回面談をした人の中に、自己PRでは「真面目に取り組むことができること」を伝えている学生がいました。彼女は「自分の雰囲気や見た目は行動的なので、そこで真面目であることを伝えることで印象が良くなると考えました。その結果でGPAが高いことを伝えると簡単に納得してもらえます」と言っていました。まったくその通りです。ここまで企業の面接を分析できている彼女を素晴らしいと感じつつ驚かされました。

## 第6節まとめ

- 圧倒的にレベルの高い真面目さ＝才能である！
- 幼い頃から培われてきた真面目さが今でも継続していて、周りに影響されない強さを持っていることが重要！

# 第7節

## 特性7　エネルギーレベルが高い

早稲田大学政治経済学部　井川さん（仮名）　GPA3・4（学部平均2・4）

体育会に所属しています。昨年は全国大会の決勝戦にもレギュラーとして出場することができました。基本的には学業とクラブの生活です。寮で生活しており、1週間のスケジュールは大体決まっています。クラブは月曜日だけが休みです。火曜日から金曜日は、まず朝練が1時間あります。それが終わってから、大学に行って授業に出席し、勉強します。その後はまた練習で、午後の練習は3時間程度です。土日は2回の練習があります。午前練習が2時間で、午後練習が3時間です。

もともと選手としてはスポーツ推薦で大学に入れるレベルではなかったので、クラブに入部するのも大変でした。入部できる条件として、新人練という苛酷な1週間の練習メニューをパスする必要がありました。今思い出してもすごく厳しい1週間でしたが、何とか入部が許されました。入部してからもレギュラーに近づくために練習は頑張ったと思います。

中高の時から成績は良かったので、大学に入っても成績は維持したいと思っていました。授業は絶対に休まないし、授業でわからないことがあれば友人や教室の近くの人にも聞いて理解するように心がけていました。課題が出れば必ず提出するようには頑張っていました。

**明治大学経営学部　岩本さん（仮名）　GPA3・6（学部平均2・6）**

入試の成績が良かったようで、上位100名だけが参加することができる「グローバル人材育成トラック」という特別クラスに参加する機会をいただけました。そのクラスは全授業の3割くらいが英語で教えられる少人数のクラスです。そのために厳しいクラスで、脱落せずに4年生を迎えることができるのが30人程度です。私は脱落するのが嫌でかじりついてきたような感じです。

学業と学業外のバランスは、私の感覚では他の人よりも学業外に寄っており、3：7くらいの感じです。体育会のマネージャーをしています。練習は週6日あり、19～22時までです。

大学生活ではこの活動に一番力を入れていました。私も高校までは選手として同じ競技をしていたので、練習メニュー作りにもかかわっていました。

その他にも、アルバイトも週に3日くらいはしていました。朝の8～12時くらいなら時間が取れたので、その時間を活用しました。授業の一環としてフィリピンでのボランティア活動などにも積極的に参加していました。このような生活だったので、学業にも力を入れていましたが、感覚的には学業外の活動により力を入れていたと思います。

## 立教大学経営学部　柳川さん（仮名）　GPA3・6（学部平均2・8）

大学では積極的にいろいろな活動をしていたので、必ずしも学業に力を入れたつもりはありません。

成績が良いのは集中する馬力があるからだと思います。試験勉強で必要なら、よく徹夜をしました。それも本当に一睡もしない完徹をするようなレベルでの試験勉強をしていたので成績が良かったと思います。またレポート試験では、文字数を増やしてたくさん書ける「書く力」があったことが成績の良い理由だと思います。

授業の一環としてビジネスコンテストのようなものがあったのですが、それには積極的に取り組んで多くの賞を取っていました。またサークルには入っていなかったのですが、それに近い活動を自分で始めました。講義情報を調査してまとめて情報誌を作るサークル活動です。始めてから人数が増えていって30人くらいのサークルになりました。

アルバイトもよくしていました。塾や家庭教師を週2日くらい、駅のホームでのラッシュアワー時の整理のアルバイト等も週に2日程度はしていました。ボランティアで貧困家庭の学習支援活動もしていました。

# 現在の大学環境⑦

授業の出席が単位取得の条件になってきたことで、大学生の生活の中に占める学業の時間は大幅に増えています。その一方で、入学したてのサークルの勧誘の時から、先輩や友人に「就職活動の際には学業を頑張って努力しても企業からは評価されないらしい」との情報をインプットされています。今回面談したGPAが上位5％に入る学生たちも、「就活では学業における行動や成果は評価されにくい」と理解していました。そのために「学生時代に頑張ったことはなんですか？」という就職での定番の質問にも、学業以外のサークルやアルバイトの話をしていた学生がほとんどです。つまり、就職を考えている学生は、学業に時間を使いながらも、その他の学業外活動において就職選考時に伝えることができるようなエピソードを経験する必要があるのです。

一昔前の大学生活では、よく企業の採用担当者は「大学時代は自分の好きなことができ

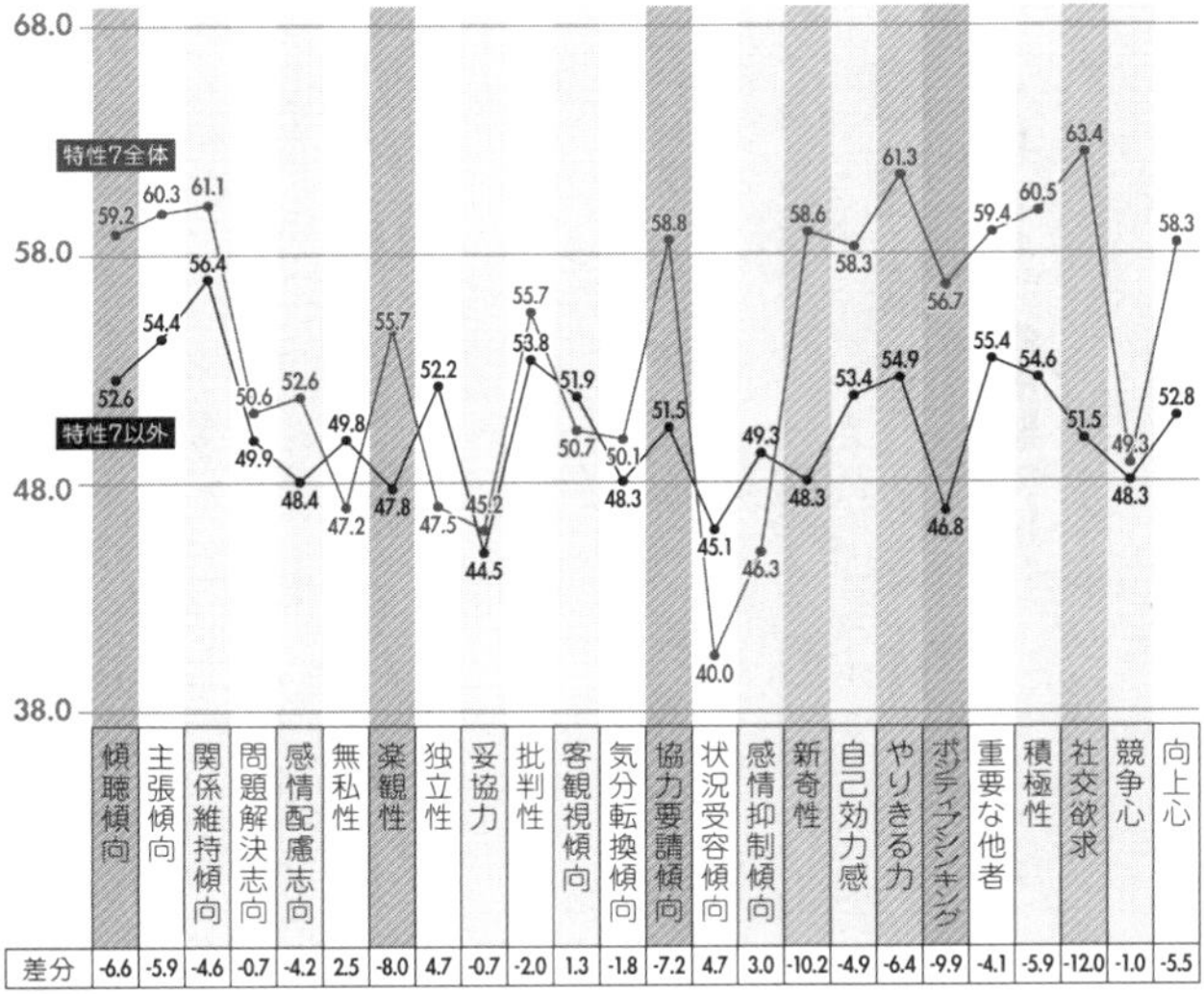


図6　学生分析結果：特性７該当者と被該当者の比較

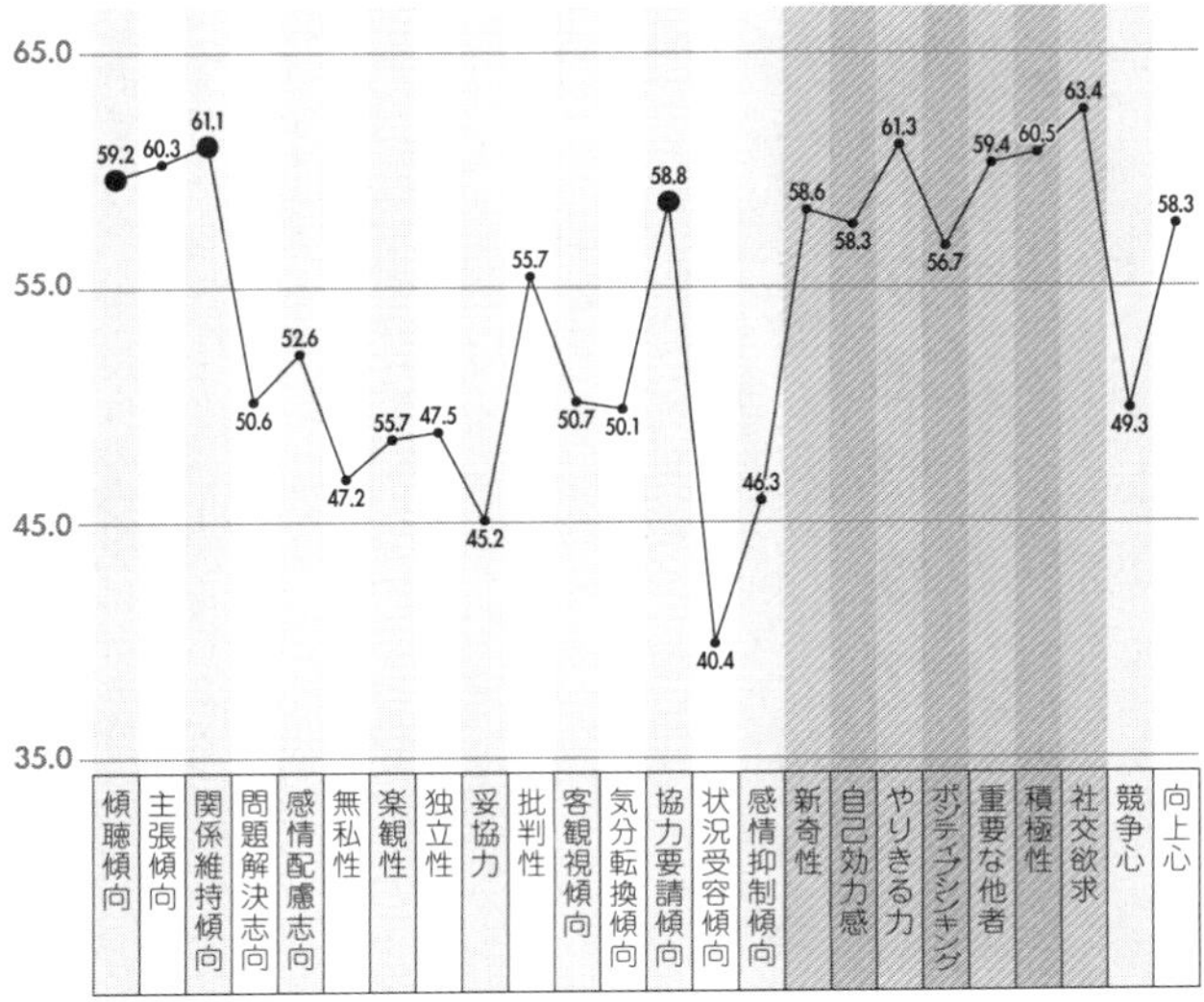


図7　特性７該当者

る時期だから、自由にその時間を活かしたらいいよ」というようなことを学生に言っていました。中には今も言っている採用担当もいるかもしれません。実は今の学生は好きなことだけやっていられるような状態ではありません。授業に出ながらも、生活費も稼がなくてはいけない。またコロナ禍での大学生活では、学業外の活動が制約されている中でも就職活動で話すための活動を用意しなければいけない。自由ではなく、しなくてはいけないことがたくさんある中で過ごしています。そのような環境の中で、しなければいけないことをしつつ、自分のやりたいことも同時にするには、エネルギーがより必要な環境になっているといえます。

## 適性検査「ミキワメ」からわかる特性⑦

**「ミキワメ」の指標では**

「新奇性」「自己効力感」「やりきる力」「ポジティブシンキング」「積極性」「社交欲求」が高いタイプ

**↓活動的で回復力の高いタイプ**

該当者16人／84人中　19.0％

**該当者の平均タイプ（図6・図7）**

**GPAが上位になる要因**

エネルギーレベルが高いタイプの中でも、GPA上位5％に入る人は「傾聴傾向」「関係維持傾向」「協力要請傾向」も高いことが興味深い点です。おそらく本人は活動的であり、困難なことがあってもあきらめずに突き進んでいくエネルギーがあるのですが、それだけではなく、他人の意見に耳を傾けながら必要なら協力もしてもらうような柔軟さを持っているのです。だからこそ上位5％に入るようなGPAを取っているのでしょう。ヒアリングでも自分にすごく自信を持っている感じではなく、自分は人よりも努力しないと成果は出ないと思っているような謙虚さを感じた人が多かったです。

また「状況受容傾向」が低いのは、困難なことがあっても努力し続ける志向が強いことを表しています。

## 上位5％になれる人の特性および企業人事視点での魅力⑦

### GPA上位5％にはエネルギー量の多い人が多い

面談でエネルギー量が多いと感じた人が多数いました。学業において上位5％に入り、かつ課外活動も他の人と同じように、あるいはそれ以上にしているのです。他の学生は、授業には出席しているものの、寝ていたり友人と話していたり、あるいはスマホを触っていたりするのに対して、基本的にはすべての授業を真剣に聞いて、その内容を授業中に理解するようにしているのです。真剣に活動している時間を「ONの時間」、そうではない時間を「OFFの時間」とすると、「ONの時間」が圧倒的に多いのがGPA上位5％に入っている人たちです。

エネルギーには、クラブ・サークルで2時間の練習時間中にすごい熱量で活動できるような「短時間の集中的なエネルギー」もあれば、学業の行動のように「日々の努力を長期間継続できるエネルギー」もあります。「短時間の集中的なエネルギー」は多くの人が発揮できるはずです。特に好きなことや得意なことをしている場面、あるいはモチベーションが高い場面では誰もが発揮します。しかし、「日々の努力を長期間継続できるエネルギー」

はそう簡単ではありません。また好きなことでも長期間継続するのは難しいものです。それを好きではないけど必要なこと、または学生の本分だからということで日々の努力を長期間継続できるのは相当なエネルギーの持ち主だといえます。

面談したすべての学生は、学業か学業外活動のどちらかに力を入れるのではなく、どちらにも力を入れている人たちでした。言い換えれば、どちらにも力を入れても平気なくらいのエネルギーを持っている人たちだといえるでしょう。

## エネルギッシュな人とエネルギーのある人の違い

面接でエネルギッシュな人を見つけることは簡単です。そもそもエネルギッシュとは活動的に見えるさまをいいます。実際にエネルギーがあるのかではなく、あるように見えるということなのです。しかし、本当にエネルギーがある人なのか、単にエネルギッシュなのかを見極めるのはきわめて難しいことです。また「短時間の集中的なエネルギー」の豊富な人は、一般的にエネルギッシュな場合が多く、面接ではこのタイプを「エネルギーがある人」と評価している場合が多いようです。一方の「日々の努力を長期間継続できるエネルギー」を見極めるのはきわめて難しいように思います。

今回も多くの方を面談して、第一印象や話し方、あるいは学業外の活動だけでは、その人の持っているエネルギーを知りえなかった方も数多くいました。たとえば、自然体で落ち着いた話しぶりをしている人、サークルなどのわかりやすいエピソードのない人などは、もし実際の面接場面であってもエネルギーの大きさはわからないと感じました。長年数多くの面接を実施してきましたが、改めてその難しさを感じました。

## 第7節まとめ

- エネルギッシュなのではなく、真のエネルギーレベルの高さを持っている。
- エネルギーの高さから学業、学業外活動のどちらにも力が入れられる。
- 周りの意見を聞く謙虚な柔軟性を持っていることが大事！

# 第8節

# もったいない・無駄にしたくない

## 特性8

同志社大学社会学部　大原さん（仮名）　ＧＰＡ3・8（学部平均2・7）

ＧＰＡが高い理由は、奨学金が欲しかったので頑張ったこともありますが、興味のあるものを中心に授業を選んだことが重要だったと思います。楽単と言われる単位の取りやすい授業を中心に選択すると卒業単位をそろえるのは簡単かもしれませんが、卒業することの楽さだけで授業を選択するのは良くないように思えました。せっかく大学では興味の持てるいろいろな授業があるのだから、その機会を無駄にしたくないとも思いました。だから厳しいと言われている授業でも、興味のある授業を選択するようにしました。学部・学科を越えても興味ある授業はたくさん選択していました。その結果多くの授業で興味を持って聞くことができ、成績も良かったんだと思います。

授業ではわからないことがあれば、その場でスマホで調べて授業内で理解することに注意していました。また理論を習う場合には、それを使った具体例などを考えるようにしていました。そうしていると先生がどのような課題をレポートにするのかわかるようになってきました。

友人と比べてメモなどは取らなくても、ポイントを理解できる要領の良さはあったと思います。高校ではレポートを書くことが多かったので、ポイントを押さえることには慣れていたのかもしれません。またテストは論述やレポートが大半だったことが、私にとっては良い成績を取りやすかったように思います。

**関西大学経済学部　谷中さん（仮名）　ＧＰＡ３・５（学部平均２・４）**

特に学業に力を入れていたということはなく、学業外活動も他の人と同じようにしていたと思います。ただ授業には必ず出席するということは決めていました。私立大学で高い授業料も払っているので無駄にしたくないと思ったからです。大体1コマ（90

分）の授業で4000円程度払っている計算になります。それを考えると、授業に出ないと申し訳ないように思っていました。また授業に出ることで興味が出てくることもあります。1年の時に会計系の科目を受講し興味を持ったことがきっかけで、会計系の科目はすべて網羅しました。

成績が良いのは、当たり前のことをしていたからだと思います。関大では、関大LMSというサイトから授業で使う資料を事前にダウンロードする必要のある授業があります。授業には出席しているのに資料をダウンロードしない人もいますが、私はダウンロードして持っていきました。資料がないと授業を聞いていても理解しにくく、手元の資料にメモもできないので、出席すること自体が時間の無駄のように思えたので必ず資料を用意しました。あとはテスト前には試験勉強をした程度です。テスト勉強も特に変わったことはしていません。暗記系のものはマーカー等を使って覚え、計算系のものは関大LMSに載っている問題を解いたりした程度です。

## 早稲田大学政治経済学部　長谷川さん（仮名）　GPA3・5（学部平均2・4）

大学院に行くときにはGPAが合否に関係すると聞いて、それが足枷《あしかせ》になるのは嫌だったので、ある程度はGPAを高めておきたいと考えていました。それに大学時代にしかできないことって何だろうと考えたら、当たり前だけど勉強だと思いました。そういう目でシラバス（授業の概要が記載されている資料）を見ると、世界的にも著名な教授や日本で第一人者と言われる先生がおられるんですよね。その授業を自由に受けられる環境は大変貴重だと思いました。だからいろいろな授業を取り、取った授業では「学び取ってやる」って気持ちでした。

そのように考えていたので、授業への期待も他の人とは少し違ったと思います。テスト対策や出席対策も考えて、友人同士で同じ授業を選択していました。私は興味のある授業なら1人でも選択していました。また友人の中には、授業が3回まで休めるのなら3回を計画的に休む人もいましたが、私はもったいないので休まずに授業に出ていました。

# 現在の大学環境⑧

すべての大学において卒業するには124単位以上が必要です。また単位当たりの授業時間も決まっています。授業料が100万円程度として単純計算すると、大体1コマ90分の授業は4000円程度となります。

また、大学には著名な教授など、なかなか直接学べる機会や直接質問できる機会のない方々がおられます。考えてみると大学の授業とは、大学生の時に思っていたよりも貴重で高価なものかもしれません。そして今の大学では、学部を越えて授業を選択できる範囲も広くなってきています。特にコロナ禍になってWEBを利用した授業になっ

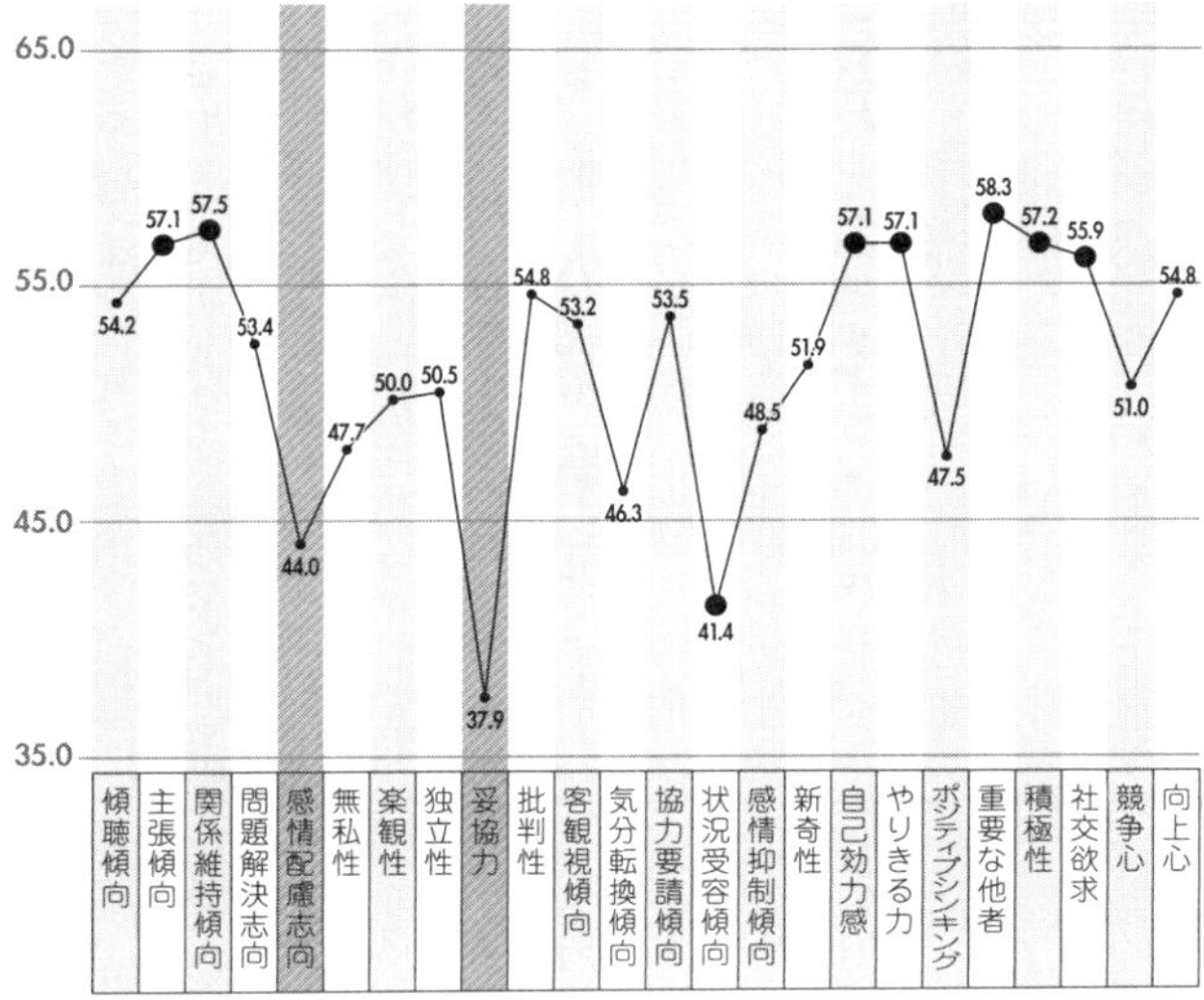


図8　特性8該当者

たことで、キャンパスの距離も制約にならなくなっています。自分の興味があれば、遠くのキャンパスの授業を組み合わせて選択することもできるのです。

今回面談した学生の多くが、「大学でしかできない、そして大学だからできることは勉強なので……」というような言い方をしています。大学という場を本当の意味で無駄なく活用できていた学生が多いのかもしれません。

## 適性検査「ミキワメ」からわかる特性⑧

**「ミキワメ」の指標では**

「妥協力」が低く、「感情配慮志向」が低いタイプ

**⬇周囲の感情に流されず、やるべきことを質にこだわってやるタイプ**

該当者34人／84人中　40・5％

**該当者の平均タイプ**（**図8**）

**GPAが上位になる要因**

もったいない・無駄にしたくないタイプの中でGPA上位5%に入る人の特徴に、「状況受容傾向」が低く、「主張傾向」「関係維持傾向」「自己効力感」「やりきる力」「重要な他者」「積極性」「社交欲求」が高いという特徴があります。このうち「状況受容傾向」が低く、「やりきる力」が高いことは当然なように思われます。双方とも始めていることに対して継続して成果を出そうとする志向が強いからです。一方で興味深いのは「主張傾向」「自己効力感」「積極性」が高いことです。自己効力感の高い人は、努力をすれば成果が出せると信じている人です。また「積極性」「主張傾向」の高さは、興味のない課題にも積極的に向き合って意思表示をするタイプであることを示しています。ヒアリングでも「努力することは当然ですが、努力することで何とかできてきたと思います」「どんな学問でも、必ず何かの役に立つと思っているので、勉強することは嫌いではないです」というような発言をする人も多くいました。

また一方で、「関係維持傾向」「社交欲求」「重要な他者」も高いので友人等との関係には配慮しつつ他者とのつながりも大切にしていることがわかります。

つまり「もったいない・無駄にしたくない」ということだけではなく、そのために必要なら課題や問題にも取り組み、成果を出すために努力をして何らかの成果を上げることができてきたからこそGPA上位の成績を取っているのだと思います。

## 上位5％になれる人の特性および企業人事視点での魅力⑧

### 「考えてみれば当たり前」で行動できる強さ

「せっかく高い授業料を払っているので……」「考えてみれば一流の教授の話を聞けるので……」「大学時代にしかできないことは学業かも……」など、なぜ大学に来ているのか、そのためにどのような費用を払っているのか、という当たり前のことに立ち返り、それを動機として行動しています。

一般的に、「自分の好きなこと」「達成したい目的」「実利的なメリット」「将来への期待」などに対しては積極的に行動して頑張ることができます。

ここで取り上げた3例の学生も、自分の欲求なり目標なりに従って行動しています。しかし、なぜ学業を頑張っているのかと質問した際に、最初に出てきた回答が「冒頭のような」回答です。おそらく「したいこと」「楽しいこと」を求めるのと同時かそれ以前に「するべきこと」「必要なこと」を考えて行動できる気持ちの強さから、GPA上位に入ってくるのだと思われます。

面談では数多くの学生が、「そもそも学生の本分は勉強なので、授業はちゃんと受けようと思いました」、あるいは「大学時代にしかできないことは勉強なので、ある程度ちゃんとしようと考えました」という回答をしていました。このように、自分の楽しいことや好きなことはありつつも、「考えてみれば当たり前のこと」「置かれた環境で今すべきこと」に対して行動できる人だからこそGPAがきわめて高いのでしょう。

## 感情に流されず行動できる人の重要性

仕事では、自分のしたい仕事だけをすることはできません。自分の希望しなかった部署や、職種に配属される場合もあります。また希望の部署や職種であっても、「好きではない業務」「得意ではない業務」から逃げるわけにはいきません。

そのような場面でも頑張ることができる人が、「考えてみれば当たり前のこと」「置かれた環境で今すべきこと」をできる人なのではないでしょうか。

面接では、「自分の意志や思いによってどのような行動をして成果を上げてきたのか」を重要視しています。たしかに「意思」や「思い」があるから大きなエネルギーを発揮できるのだと思います。またそのような人だから大きなチャレンジや変革ができると思います。しかし一方で、そうした意志や思いからではなく、置かれた環境で期待されていること、必要なことを努力できるという資質も重要です。

学業での行動は、このような「置かれた環境で必要なことをする」資質をどの程度持っているかが最も表れやすい場面です。

## 第8節まとめ

- 「大学でしかできないこと」を理解し、大学という場を無駄なく、活用できる。
- 感情に流されることなく、努力の先の成果を信じている。
- 「もったいない」「無駄にしたくない」という動機から行動ができる!

# 第2章・第3章の総括

**第2章「インタビューでわかった共通の資質」では、GPA上位5%の人に共通の資質は「サボり癖がない」ということがわかりました。**

**しかし、この資質があっても必ずしもGPAが上位5%になれるわけではありません。その共通の資質に加えて本章で説明した1つ以上の特性が必要なのです。**

GPA上位5%の学生＝「サボり癖がない」×(「目的に向けて行動」or「知的好奇心、学びへの期待」or「責任感、当事者意識」or「負けず嫌い」or「地頭の良さ」or「継続的努力」or「エネルギーレベル」or「もったいない・無駄にしたくない」)

**本章で説明した8つの特性は仕事をしていくうえで大変重要な資質ばかりです。GPAの上位5%という突出した成績を取っている人は、必ずそのうち1つ以上の資質を持っていました。**

それぞれの業種や職種、あるいは企業の風土や考え方によって、さまざまな採用基準があります。本章で挙げたようなものだけではなく、「人と話すことが好き」「周りと協同しての行動が得意」などです。あるいは「好きなことに全力で打ち込める人」「大学時代になにか一つのことに集中して行動した人」というような、本章で説明した資質とは違う資質を採用基準に持っている企業もあると思います。

それらの採用基準は、個別の企業で重要な資質だということは間違いありません。ただ一方で、それらの基準の多くは面接で判断しやすい資質になっている場合も多いようです。企業は最終的には面接で合否を判断しています。面接でその基準となるのが採用基準といえます。面接で判断できるものでなくてはいけないのです。そのためどうしても、「質問で確認しやすい資質」「その回答で判断しやすい資質」「話し方などの印象で判断しやすい資質」になりがちです。

どの企業でも、環境の変化のスピードが速くなり、多様な人材が必要になってきています。学業を取りまく環境が大きく変化した現在の大学での、長期間の行動の証明でもある学業での成果に着目することで、より多様な人材を採用できる可能性が高くなると思います。

辻　太一朗

適性検査分析監修：佐藤　映

# 第4章

# 大学の変化によってGPAの表す資質が変化した

## GPAは採用の参考になる

第3章までに、大学のGPA上位5%に入る学生の特徴や具体的な思考・行動パターンを整理しながら、最終的にどのようにして良い成績を取ることにつながったのかを考察してきました。もしかすると、「大学の成績が良い」人なんて、単に真面目な「ガリ勉」ばかりではないかと思われていたかもしれませんが、そういった読者の皆さんの「成績優秀者」のイメージは大きく変わったのではないかと思います。

もし成績が良い人たちがこういう人なのであれば、ぜひうちの会社にも欲しいと考える採用担当者や経営者の方もいらっしゃるのではないでしょうか。あるいは、学生の保護者であれば、自分の子どもにきちんと勉強をしてもらいたいと改めて感じた人もいるのではないでしょうか。

本章では、最近のGPA上位5%レベルの成績優秀者がこれまで述べてきたような人たちになっている背景として、大学教育がいかに変化しているかについてご説明します。また、その結果、日本においても、GPAというものが企業の採用選考の際に参考になる情報になってきていることについて考えてみたいと思います。

# 第1節
# 大学の「シラバス厳格化」によって、学業は避けられない環境に変化した

## 成績の良い人は「勉強ばかりしている人」という偏見

本章の筆者（曽和）は今年で50歳、いわゆる団塊ジュニア世代です。私が大学生だった頃は、授業に出る学生は今ほど多くはなく、人によっては（私も実はそうでしたが）テスト以外は授業にほとんど出ずにアルバイトやサークルなどの課外活動ばかりしているということも珍しくありませんでした。そのため、日本の大学は「レジャーランド」「パラダイス」であるとマスコミなどでも揶揄《やゆ》されていました。

そんな時代に真面目に授業に出て良い成績を取っている人は、今考えると偏見も甚だしいと思うのですが、「せっかくの与えられた自由を謳歌せずに、勉強ばかりしているガリ

勉」と就活などでは必ずしも評価されていなかったと思います。また残念ながら私の知る限りにおいては、現在でも企業の人事の多くはいまだにそう考えています。

その証拠に企業の採用面接では、今でも多くの面接官がアルバイトやサークル、インターンシップなどの課外活動のことばかり質問してきます。学業や成績のことについて、きちんとヒアリングをする面接官はそれほど多くはありません。学業に関する活動に重きを置いているならば、このようなことにはならないはずです。

学業とは単に知識をインプットする受動的な行為であり、それを「ガリ勉」のごとく、いくらしていたからといって、企業に入って仕事で成果を出せるかどうかにはあまり関係ない、それよりも、キャンパスを飛び出して、自分で何かを能動的に行うことの方が大切などと考えているのかもしれません。そのため、「どんな授業を受けてきたの?」「なぜその科目にしたの?」「そこで何を学んだの?」とは聞かないのです。

**大学教育改革「シラバス厳格化」とは**

しかし、実は状況は変わっています。私たちの頃とは異なり、今の大学生は皆、きちんと授業に出ているのです。学生の本分は学業ですから、当然と言えば当然ですが、これは今時の学生が真面目になったことが理由ではありません。文部科学省の方針が変わり、いわゆる「シラバス厳格化」が進んだことがそもそもの原因です。

「シラバス」とは、講義要項のことです。その科目を担当する大学教員が1年間、あるいは半年間の授業計画を、学生に伝えるためのものです。内容としては、講義名、講義内容、スケジュール、担当教員の氏名、講義のねらいや目標、講義の形式、必要な教科書・参考書、評価方法、その講義を受けることができる学年など、講義に関する情報が記述されています。冊子の形で配られることもありますが、近年では、大学のホームページや学生用のマイページで閲覧できるようになっているところもあります。

この「シラバス」を明確化することで教育課程を体系化し、きめ細かな指導を行うことで単位制度を実質的なものとし、さらに成績評価も厳格に行うことで、学生が本気で学び、社会で通用する力を身につけるようにしようという試みが「シラバス厳格化」です。これまで日本の大学は「入難出易」（入学するのは難しいが、卒業するのは容易という意味）と言われてきましたが、そのために大学教育が人材の育成につながっていないと批判されてきたことを改善しようということで、大いに趣旨には賛同できることです。

## その結果、学生はふつうに授業に出るようになっている

「シラバス厳格化」は、言い換えれば「ちゃんと授業に出て、こういうことを学ばないと単位は出ません」となったということでもあります。それを受けて、実際に授業に出席している学生の人数はどんどん増えており、２０２０年卒の学生において自分が登録している授業の8割以上に出席している割合は84・7％になっています。また国立教育政策研究所の調査によれば、学生は授業や研究、予習・復習などに1週間で約27時間を使っています。平日平均で約5時間です。一方、アルバイトは週10時間未満、クラブ・サークルは約４時間と、やはり学業が主になっている実態がわかります。

大昔の学生にとっては、授業とは「出ても出なくてもよいもの」であったのが、現在の学生にとってはもうすでに「出なくてはならないもの」となっており、学業への注力は半ば選択の余地はなくなっているのです。そうであれば必然的に、授業に出ていることの価値も、そこで成績を出すことの意味も変わってきます。「出なくてもよい」という選択肢があるのであれば、授業に出ている人は「勉強が好きな人」と考えることができるわけですが、授業に出なくてはいけないのであれば、そうはなりません。学生が「授業には毎日出ています」と言うと「真面目な人なんだなあ」と思う企業の採用担当者はいまだに多いの

ですが、その解釈は間違っています。授業に出るということは、学生にとっては強制力のある「義務」であり、今ではもう「ふつう」のことなのです。

## 第2節

# 授業の多様化、授業選択の自由化によって、価値観、将来への期待などの個人の個性が履修活動に出るようになってきた

### 社会における高業績者にはどんな特徴があるか

筆者がさまざまな企業において人事コンサルティングをする際、テーマがどのようなものであっても最初に行うことは、その企業における高業績者（ハイパフォーマー）の特徴を調べることです。高業績者がどんな能力や性格の人であるか、どんな思考パターン・行動

パターンを持っているかがわかれば、そこから、どういう人を採るべきかという「採用基準」や社員をどんな人材に育てるべきかという「育成目標」、どんな社員を高く評価すべきかという「評価基準」、どんなポジションにはどういう人をアサインすればよいのかという「配置のポイント」や「昇格基準」などがわかるからです。

この高業績者の特徴は当然ながら企業ごとに異なります。事業や仕事の特性が違うからです。しかし、そうはいっても多くの企業で共通するような要素もあります。たとえば、「どの程度自分のことを理解しているのか」という自己認知の高さはその一つです。自己認知が高ければ、つまり、自分の特徴をきちんとわかっていれば、不足しているところを補おうと努力したり改善したりしようとするので、その人は成長する可能性が高くなります。また自分の特徴がわかっている人は、チームにおける自分の最適な役割を間違えません。きちんと自分の能力や性格に適したポジションで仕事をするので、チームプレイも得意です。このように、自己認知が高いと高業績を出せる人が多いのはよくわかります。

他にも高業績者の共通点はいろいろあります。「当たり前水準」といって、「どの程度頑張ったら、精一杯頑張ったといえるのか」「どの程度の成果を出せれば十分だといえるのか」という自分にとっての当たり前の水準は人によって異なりますが、高業績者はこの「当たり前水準」が高い人が多いのです。「当たり前水準」が高い人であれば、今の自分の努力や成果が「まだまだこんなものではダメだ」と思うことから、さらに上を目指そうとします。その結果として高業績が上げられるというわけです。

### 高業績者の一つの特徴、「仕事を楽しめる」

このような高業績者の特徴の一つに、GPA高得点者にも共通するものでもある「意味づけ力」、つまり、自分がしなくてはならなくなったことに対して、自分の価値観や目標などに沿った「意味」を見出すことで、自らをモチベート（動機付け）する力があります。もっと平易な言葉を用いるなら「仕事を楽しめる力」といってもよいかもしれません。この「義務」に対して自分で動機付けして（セルフモチベート）、「どうせやるなら楽しくやろう」と仕事を楽しむことのできる人は、高業績者に多いのです。

「好きなことを頑張る」というのは、きわめてふつうのことです。どんな人でも好きなことなら自然に努力することもできるでしょう。しかし、「義務」でやらなくてはならなくなったこと、必ずしも自分でやりたいと思ってやったことではないこと、あるいは、できれば避けたかったのにさまざまな理由でどうしてもやらねばならなくなったことなどに対して、頑張れることはふつうではありません。社会に出てからする仕事というものは、決して自分が好きなことばかりではありません。誰かが起こしたトラブルの尻拭いのような仕事さえ珍しくありません。

高業績者は、多くの人が「嫌だなあ」「できるならやりたくないなあ」と思うようなことをしなければならなくなった時（仕事ではこういう場面は珍しくありませんよね）でも、自分がそれを楽しめるような意味づけを行ってセルフモチベートをすることで、一生懸命頑張れるようになり、その結果として高い業績が出せるのです。ですから、この「意味づけ力」＝「仕事を楽しめる力」というのは多くの企業で求められている力なのです。

## 学業の成果から「義務」に対する姿勢がわかる

そして、この「意味づけ力」はＧＰＡ上位の学生の多くが持ち合わせている能力でもあるのです。学生にとって絶対的な義務となった授業に対して、やらねばならないのに、いつまでも不平不満を言いながら嫌々やっている人もいます。そういう人は決して高いＧＰＡを取ることはないでしょう。高いＧＰＡを取るためにはそれなりの努力をしなければなりませんが、そのためには裏付けとなる高いモチベーションも必要になり、それを作り出すのが「意味づけ力」なのです。

昔のように「授業に出ても出なくてもよい」時なら、「真面目」「勉強好き」と考えてもよいのかもしれません。競争相手も少ないので、比較的簡単に良い成績が取れたかもしれません。しかし、前述のように今は授業に出て勉強するのが当たり前になっており、出るか出ないかという選択の余地はありません。つまり、GPAが高いということは、「やらねばならないこと」＝「義務」に対して、どれだけ「意味づけ」することで頑張れるかという能力の結果ともいえるのです。

これまで見てきたように、GPA上位の学生は、「どうせやらなくてはいけないこと」なのであれば、楽しくやろう、意欲が出るようにやろうと、成績を上げる理由を自分で作り出していました。奨学金や留学の権利の取得を目標において、そのために成績を上げようとしてみたり、自分の興味・関心となんとか結びつけて授業を選んでいくことで学ぶこと自体がエンタテインメントになるようにしてみたり、親や推薦で入学させてくれた母校への恩義で学業への意欲をかき立てたり、ゲームのように捉えて一番を目指そうと考えていたりと、内容はさまざまですが、うまく意味づけしています。

**授業改革により、履修活動に個人の価値観、行動特性が表れるようになった**

さらに、近年の文部科学省による大学改革によって、授業が「意味づけ」しやすいものになっていることも追い風になっています。昔の大学教育においては、各科目を担当する教員の意向が優先されて授業内容が作られていたため、学生の側からみると、「これを学んでどんな力がつくのだろう」と必ずしも明確にわかるものではありませんでした。各科目のシラバスには「何を教えるか」は書いてあっても、「どういう人になれるのか」という学生が本当に興味関心のあることは書かれていなかったのです。そのため、授業選択も場当たり的なものになってしまうことが多く、結果として「学びの目的」というものを個々の学生が自ら意味づけていくのは困難でした。

ところが、近年では学生の達成すべき成果、どんな人になって欲しいという目指す姿などが徐々に明確化、体系化されていくことで、きちんとした意図を持って、学生が授業を選択していくことができるようになってきました。学生自身の「意味づけ」（こういう人になりたい、こういう能力を身につけたいからこれを学ぶ、等）を実現できるように、学部・学科などの形式上の括りにこだわらずに、学部・学科間の移動の弾力化や、学部・学科の在り方の見直し、他学部・他学科の科目取得の自由度の拡大などが行われて、自分らしい学習体系の構築ができるようになってきています。そこで学生も意思を持って授業を選ぼうとするようになり、学生自身の個性が「どんな科目を取ってきたのか」という履修履歴に表れるようになったのです。

「どんな仕事に就こうとも、これからはITスキルが必要だろうから、IT系の授業はちゃんと取ろう」とか「留学に行きたいので、海外では重視されるGPAをある程度高めることができるような科目選択をしよう」などと、キャリアのことを考えて授業を取る人もいれば、「グループワークの授業は、学生同士のコミュニケーションが多くなり、友達もたくさんできるかもしれないから取ろう」とネットワークを広げたいと考える人もいます。中には「高い授業料を払ってくれている親に対して、ある程度頑張らないと申し訳ない」と考えて一生懸命成績を上げようという人もいますが、そこには誠実さが表れています。

このように、昔であれば授業の取り方に明確な意味はあまりなかったかもしれませんが、今では授業の取り方や、その理由を聞くことで、その学生の人となりがわかるようになってきているのです。

第3節

# 評価の多様化、厳格化によって多様な知的能力が成績に表れるようになってきた

**これまでは単位を取ることは比較的簡単だった**

科目選択の自由度が高くなり、学び方が多様化したことに加えて、成績評価の方法も多様化かつ厳格化されてきています。これまでの日本の大学においては、成績評価について、個々の教員の裁量に依存していました。そこで、なし崩し的に安易な成績評価が広がっていた実情があります。学生は先輩から聞いて、「この科目は楽勝で単位が取れる（楽単《らくたん》というそうです）」と情報を集め、卒業単位をそろえるということをしていました。その結果、

これまでの日本は留年率や中退率などの指標で見ると、その低さは国際比較でも顕著であり（もちろんこのこと自体は問題ではありませんが）、厳格な評価が行われていないといわれてきたわけです。

しかし、このように成績が厳格に評価されていないことはさまざまな問題を生じさせました。その最たるものは大学の成績への信頼感のなさから学習意欲が減退するということですが、他にも成績を進級や卒業判定基準に用いることもあまりなされず、成績により退学勧告をすることもなく、結局学生の側から見ても「学校の成績は高くても低くてもどちらでもいい」となってしまっていたのです。勉強してもしなくても、どうにもならないのであれば、成績なんてどうでもいいと考えるのも、ある意味合理的な思考です。

**現在では単位取得や良い成績を取ることの難度が上がった**

ところが、最近ではこれらの問題を解決するために、成績評価が厳正になされるようになっています。シラバスの中でも成績評価基準が明確化されるようになりました。そして、基準に準拠した適正な評価がなされているかについて、成績評価結果の分布などの情報も共有するなど、大学が組織的にチェックを行うようになっています。

また「不可」の成績の科目もGPAの計算に入れるようにするなど、良い成績を取ることを学生に目指させるような仕組みになってきています。一度科目を登録したら、途中で「もうやめた」ということもしにくくなっているのです。とりあえず科目を取ってみて、難しければ「棄権」をすることで高成績を取るということができないということです。

## 記憶力だけで高成績が取れなくなっている

成績のつけ方自体も多様化しています。これまでのように教員からの一方的なレクチャーの授業ばかりではなくなり、学生同士のグループディスカッション、グループワークなどの多様で魅力的な授業形式も生まれ、そこでの参加姿勢や行動自体が評価されるようにもなってきました。そうなると、教科書を記憶するだけで高得点を取れるわけでもなくなります。チームで一つの論文を書いたり、ビジネスプランコンテストに出場したりという授業もあります。最近では、企業が大学の授業にも参入してきて、学生にお題を出して、解決策を考えるようなインターンシップ的な授業も珍しくなくなってきました。

そのような授業の課題を乗り越えるためには、仕事で求められるものと似たような能力が必要であることはいうまでもないでしょう。そうなると、記憶力だけではなく、さまざまな能力が成績に表れていることになります。コミュニケーション能力や対人影響力、チームワーク、論理的思考能力、発想力などなど多様な能力が評価の対象になるわけです。

## 企業が採用選考時に基準としている資質とは

そして実際にこれらの能力は、企業の採用基準によく用いられるものなのです。経団連が長年調査してきた「新卒採用に関するアンケート調査」の中に、「選考時に重視する要素」という項目が2018年まであったのですが、そこで20年ほどにわたって上位を占めていたのは「コミュニケーション能力」(2018年当時1位)、「主体性」(同じく2位)、「チャレンジ精神」(3位)、「協調性」(4位)、「誠実性」(5位)の5つの要素です。中でも「コミュニケーション能力」は調査当時で16年連続の不動の1位ですが、まさにこの能力がなければ良い成績が取れないようになってきているのです。

つまり、以前は「学業の成績が良くても、仕事ができる人かどうかはわからない」というのもあながち間違いではなかったのかもしれないのですが、最近では「成績が良い」というのは「仕事で必要な能力を持っている」ことに近づいてきているのです。

## 採用面接官は、もっと学業について聞こう

このように考えると、面接で採用担当者たちが、今のように学業以外のことばかり聞いているのはもったいないと思います。面接でよく聞かれる学業外のアルバイトやクラブ・サークルなどのことは自分でやろうとしたことなので、頑張るのは当たり前です。むしろ、学業における行動の方が「(自分でやろうと思ったわけではない) 仕事でも頑張れるか」を評価するには適しているかもしれません。

また時節的な話をすれば、コロナ禍によってさまざまなイベントや留学などが中止になるなど、昨今では学生の課外活動が制限されて「面接で聞くことがない」と嘆く面接官は多いのですが (学生も「言うことがない」と嘆いていますが)、学業であれば、コロナ禍においてもやっているはずですから、面接官はどんどん聞いていくべきですし、学生も胸を張って学業での成果を話すべきです。学業についての話がもっと面接の中心テーマになっていけばよいと思います。

第4節

# GPAとは、「環境の捉え方」×「持続的行動」×「知的能力」の結果である

**履修履歴やその成果であるGPAからわかること**

以上のように考えると、学生がどんな科目を選んで履修しているかという履修履歴や、そこでどんな活動を行ってどんな成績を取ったのか（GPA）ということから、学生のいろいろな人となりがわかることになります。

## ①「環境の捉え方」

1つ目は、「自分の置かれた環境をどのように捉えているのか」ということです。特に、前述のように、現在において授業は出なければならない義務なのですから、「避けることのできない環境に対して、その人はどのような捉え方で臨むのか」ということがわかります。

この「環境の捉え方」を言い換えれば、前述の「意味づけ力」（その環境に対して「将来に役立つ」とか「自分の知的好奇心を満たす」などの意味を感じることができる力）や、「目標設定力」（人気ゼミに入るために、留学のために、奨学金のために、など良い成績を取るためのゴール設定を行う力。これも意味づけ力の一種ともいえる）、「責任感・当事者意識」（親に申し訳ない、学生の本分であるという意味づけ）などともいえます。そして、これらの力は、社会に出てからの仕事においても重要な能力です。

## ②「持続的行動」

2つ目は、「やらなければならないことを持続的に行動できる」ということです。あることに意味を感じたとしても、誰でもそれをやり続けることができるわけではありません。

実際、評価が厳格化されることによって、中途半端な努力では高成績を取ることは難しいため、意味づけ力に加えて、「持続的行動」ができるかどうかがわかるのです。

この「持続的行動」を行うためには、その背景に、「自分を律して行動する力」（セルフコントロール力）や、順位がつく以上、成績で人に負けたくないという「競争心」（負けず嫌い）、「継続的な努力を厭わない性質」（継続力）、「先延ばしをしない」（フットワークの軽さ）、「同じことを低負荷で行える」（効率性）、「短時間で集中して多くのことを成し遂げる」（集中力）がなければなりません。しかも、繰り返しになりますが、好きなことであれば誰でもある程度は発揮できる能力かもしれませんが、これらが「自分がしたいわけでもないこと」でも発揮できるかどうかがわかるということです。つまり、「仕事でもできるか」がわかるということなのです。

### ③「知的能力」

3つ目は、これは当然のことですが、「知的能力」です。勉強好きな人たちとだけ競争すれば良かった昔と違い、現在ではほとんどの学生が授業に出ているので、良い成績を取るための競争相手は激増しています。しかも、成績の厳格化で、評価分布が規制されることで、誰でも良い成績が取れなくなっているのが今の状況です。となれば、「環境の捉え方」「持続的行動」ができても、そもそもの知的能力がともなわなければ、最終的にはGPAで上位に入ることは難しいでしょう。

ここでいう「知的能力」についても、具体例を挙げるとすれば、以下のようなことです。たとえば、この授業で教員は何を伝えようとしていて、どのような解答をテストやレポートで行えば良い得点を取ることができるのかという「物事を俯瞰できる力」などもそうです。他にも、シラバスを眺めて、それぞれの科目の間の共通点や関連性を推測・想像することができるような力も、自分にとって良い「学びの体系」(履修科目のセット)作りには必要でしょう。もちろん授業や教科書の理解力や、論理構築力、記憶力なども、この知的能力の中に入るのは言うまでもありません。

## GPAは採用時の参考情報として適している

つまり、今回の調査対象のようなGPAで上位5%以内に入るような人は、以上の3つの力を一定以上兼ね備えているか、どれかの能力が突出している人であるといえるわけです。このように考えれば、高いＧＰＡを取るために必要な力は、まさに企業が採用の際に候補者を選ぶ基準に近いのではないかと思うのです。

最近でこそ大企業を中心に、採用選考時に成績表の提出を求める企業が増えていますが、まだまだ一般的とはいえません。中小企業やベンチャー企業の多くは、成績やＧＰＡなどの情報を要求することなく、相変わらずエントリーシートや履歴書だけで面接を行って、候補者の人となりを評価しようとしています。

しかし、これまで説明してきたように、高いＧＰＡを取るためには、仕事で高業績を上げるために必要な能力と同じような能力が必要なのですから、これからは、ぜひ成績表を提出してもらい、履修履歴についての質問を行ったり、成績の高さ自体に注意を向けたりしてみるべきではないかと思います。無論、大学改革は現在進行形であり、大学によってはまだ進捗にムラのある状態ではありますので、ＧＰＡを一次評価としたりするようなことはまだ時期尚早でしょうが、少なくとも重要な評価参考情報としての価値はありますので、これを利用しない手はないのではないでしょうか。

**曽和利光**

## 第4章まとめ

- 大学の教育改革によって、近年の学生は授業に出る必要があるため、授業の選択や力の入れ方などに個々人の性格や能力や志向が反映されるようになってきた。
- GPA上位者になるには、企業が採用時に評価基準としているような能力が必要とされる。
- 学業についての質問やGPAの得点などは、企業の採用時の評価情報としては今後さらにいっそう重要なものとなっていく。

第5章

# GPA上位者の良さを見落としている企業の採用

## 日本企業の選考手法の主流、「面接」の落とし穴

ＧＰＡにおいて上位の得点を取るには、企業が求めている人物像と同じような特性が必要であることがおわかりいただけたと思います。そして、「ＧＰＡ上位者が企業の求めている特性を持っているのであれば、きっとすでにＧＰＡ上位者はさまざまな優良企業、人気企業にどんどん合格しているのではないか」と思われることでしょう。

ところが、実態はそうではないのです。今回の我々の調査面談においては、ＧＰＡ上位者の就職活動および、その結果についてもインタビューをしました。そこでわかったことは、「こんなにも良い資質を持っている人々でも、意外なくらい採用面接でよく落とされている」ということでした。もちろん、企業各社で採用基準は異なるので、ＧＰＡ上位者が持つ特性を必要としないところもあるかもしれません。そういうところでは不合格になっても不思議ではありません。

しかし、第４章で述べたように、ＧＰＡ上位者の特性は、企業で高い業績を上げている人に普遍的に共通するものであったため、おそらく、この現状は「企業はＧＰＡ上位者の良さを見落としている」のではないかと思われます。企業はなぜＧＰＡ上位者の良さを見抜くことができないのでしょうか。本章ではその理由と、どうすれば見抜けるようになるのかという対策について考えてみたいと思います。

## 第1節

# 実は精度が低い日本企業の採用面接

### 「面接至上主義」の崩壊

日本の企業の採用選考においては、大昔から「面接」（インタビュー）が重視されています。現在でもそれは変わりません。今でも面接をせずに内定を出す企業はほとんどありません。その背景には面接というものが、他の選考方法と比べて、候補者の人となり、性格や能力を評価するのに、最適な手法であるという採用する側の信念があります。能力試験や実技試験、性格適性検査、グループワークなどいろいろな選考手法がありますが、顔を付き合わせて話をする面接（最近ではオンラインでの実施もふつうのことになりましたが）が最もブレることなく、その人の評価ができると信じ込んでいるのです。

| 選抜手法 | 方　法 | 測定対象 | 妥当性係数 | 出　典 |
|---|---|---|---|---|
| 認知的能力テスト | 紙・ペンあるいはPC ベース | ロジック、読解力、言語的数学的推論、知覚能力 | .51 | Hough et al. (2001) |
| 構造的面接 | 標準化された質問に対する反応を見る | さまざまなスキルと能力（とりわけ対人スキル、リーダーシップスタイル等の非認知的スキル・能力） | .51 | Huffcutt and Roth (1998) |
| 非構造的面接 | 標準化された質問ではなく、候補者ごとに違った質問をし反応を見る | さまざまなスキルと能力（とりわけ対人スキル、リーダーシップスタイル等の非認知的スキル・能力） | .31 | Huffcutt and Roth (1998) |
| ワークサンプル | 実際の仕事のサンプルをさせて成果を見る | 仕事スキルを測定（例：機器の修理、計画） | .54 | Schmitt et al. (1996) |
| 職務に関する知識テスト | 多選択式解答、エッセイタイプ | 職務に求められる（主として技術的な）知識の体系 | .48 | Schmitt et al. (1996) |
| シチュエーショナルジャッジメント | 短いシナリオを読んで（あるいは映像）、どのような判断・行動が望ましいかたずねる | 多様な非認知的スキル | .34 | Hough et al. (2001) |
| アセスメントセンター | 実際の仕事内容やそこでの問題を反映した仕事サンプル、エクササイズをさせる。認知的テスト、パーソナリティインベントリ、職務に関する知識テストなども行うことが多い | 知識、スキル、能力 | .37 | Goldstein et al. (2001) |

図1　さまざまな採用選考手法の妥当性を検討した研究一覧
『採用学』（服部泰宏〔現・神戸大学〕、新潮社）をもとに再作成

しかし、採用選考に関する世界の研究をみると、その信念は間違っている可能性が高いことがわかります。右の図をご覧ください。**（図1）**

これは、さまざまな採用選考手法について、その妥当性を検討した研究の一覧です。妥当性とは「その選考手法によって高く評価された人が実際に仕事を行う際に高い成果を出すか」ということです。なお、表の妥当性係数は高い方が「妥当性が高い」とされています。

認知的能力テストとはSPIの能力適性検査などのようなものです。ワークサンプルとは、実際にやってもらう予定の仕事をやってもらうということなので、いわゆるインターンシップと言ってよいでしょう。シチュエーショナルジャッジメントとはケーススタディ、アセスメントセンターとは仕事のシミュレーションのようなものと考えてください。

その詳細は特にここでは触れませんが、最も注目すべき事実は、これらのさまざまな選考のうち、なんと「非構造的面接」の妥当性が最も低いということです。「非構造的面接」とは、「候補者ごとに違った質問をして反応を見る」ということなので、これが通常の企業で行われている面接です。つまり「面接」は最も精度が低い選考方法だったのです。

「構造的面接」（構造化面接ともいう）では、高い妥当性を示していますが、これは「マニュアル化された面接」（質問内容やテーマ、回答方法、収集情報、評価方法などを明確にルール化して行う面接）のことで、これをしている企業は現時点では一部の先進的な企業を除いてはほとんどありませんので、今回は触れません。ただ、現在、多くの企業が構造的面接の導入を検討し始めてはいますので、将来的には改善されるかもしれません。

**面接の精度を下げる「心理的バイアス」**

なぜ、ふつうの面接（非構造的面接）はそこまで精度が低いのでしょうか。ここからは私の仮説ですが、それは人が人を見る際にはどうしてもさまざまな「心理的バイアス」が働いてしまうからです。「心理的バイアス」とは、言い換えれば「偏見」のことです。対象をまっすぐに見ることなく、自分の心の中の作用によって歪んで見てしまうことです。

面接に関係のある心理的バイアスはさまざまなものがありますが、代表的なものをご紹介しましょう。

## ①確証バイアス

仮説や信念を検証する際に、自分がすでに持っている仮説を支持する情報ばかりを集め、反証する情報を無視または集めようとしない傾向のことを「確証バイアス」といいます。「先入観」といってもよいかもしれません。たとえば、学校の成績が良い人に対して「勉強しか能がないガリ勉」「行動力が低く、おとなしくじっとしている人」「真面目で面白みのない人」という先入観があるのであれば、候補者が何を話しても前述の先入観に合致するものだけを拾って、「やっぱりこの人はガリ勉だ」と評価してしまうのです。

## ②類似性効果

人は、「自分と似ている人に好奇心を抱く」という強い心理的バイアスを持っています。これが「類似性効果」です。逆に「自分と似ていない人」を低く評価するともいえます。もし、面接官が学生時代に勉強を頑張って高い成績を取っていた人であれば、成績の良い人のことを好ましく思うでしょうが、第4章で述べたように大学教育の変化も伴って、昔の大学で学んだ中高年の人の中には、勉強を頑張ったという人は今よりは少ないはずです。そうなると、自分とは違う「成績の良い人」を無意識に疎ましく思う可能性があります。

## ③初頭効果

よく「第一印象が重要」と言われますが、それは「初頭効果」があるからです。初頭効果とは、最初に与えられた情報が印象に残って長期記憶に引き継がれやすく、後の評価に影響を及ぼす現象のことです。面接の最初に見るのは、履歴書やエントリーシート、そして成績表などの面接の際の応募書類です。そこで「ほう、ここの大学なのか」「成績がとても良いじゃないか」などとの属性をみて生じた印象が後々まで残るということです。前述のように「成績が良いこと」にあまり良い印象を持っていない（無意識でしょうが）人が最初にこの人は学業の成績が良い人だという情報を得てしまうと、評価は低くブレてしまう可能性があります。

## ④認識の相対性

「絶対音感」と言って、音に対する絶対的基準を自分の中に持っていて、どんな音を聞いても音階がわかるという人がいます。しかし、絶対音感を持っている人はとても少なく、多くの人は基本的に「相対音感」、つまり何かの音と別の音を比べた時にどちらが高いか低いかだけがわかるという人がほとんどです。同じように、人を見る場合、誰かと比較すると、どちらの方が自社に合っているのかわかったりする（もしくはわかった気になる）のですが、1人だけを見た場合、その人がどれほど自社に合っているのかを評価するのは途端に難しくなります。これは1人の人の中での各性格特性間でも似たようなものがあると思われ、強み弱みのはっきりしている人の性格は認識しやすいものの、バランスの取れた人に対しては、「この人はこういう人」と表現しにくい場合があります。学業成績は全方位的に努力をしないと高得点が取れませんので、まさにバランスの取れた人である可能性も高そうですが、そうすると「特徴のないふつうの人」だと評価されてしまうかもしれません。

### ⑤ハロー効果

ある対象を評価するときに、目立ちやすい特徴に引きずられて他の特徴についての評価が歪められる現象のことを「ハロー効果」（“halo” = 「後光」効果）といいます。「体育会の大会で全国優勝をした」「面白いイベントを立ち上げて、数千人を動員した」など、目立つエピソードを聞いてしまうと、本来、採用基準にはあまり関係ないことであったとしても、その他のすべての要素が良く見えてしまうことがあります。逆に、学業のような地味に思われがちなものでは、ハロー効果はあまり発揮されないかもしれません。そうすると、派手なエピソードを持っている人よりも相対的に低い評価を得る可能性があります。

以上は採用面接に関わる代表的な心理的バイアスで、面接の精度を下げている原因ではないかと思います。しかも、各項目で例示したように、どの心理的バイアスも、特に成績の良い人に対しては良い方向に向かない可能性があります。もし読者が採用する側なら、このような心理的バイアスには十分注意して、落とすべきでない人を落とさないようにしましょう。もし読者が採用される側なら、このような誤解をされる可能性があることを知って、自己アピールの仕方を工夫してみましょう。

第2節

# 面接で重視されているコミュニケーション能力の正体

**曖昧で多義的な「コミュニケーション能力」**

第4章で、経団連の調査で長年「コミュニケーション能力」が企業の採用選考において最も重視されているということを述べました。ただ、このコミュニケーション能力という言葉はとても曖昧で、企業ごとに使われ方が異なっているといってもよいものです。

たとえば、コンサルティング会社のようなところでは「筋道を立てて矛盾なく話すことができる」というようにきわめて論理的思考能力に近い意味合いで使われることが多いです。またクリエイティブな仕事の多い会社では、「相手が状況をイメージできるように言葉を選び、適切な比喩や具体例を出して話すことができる」というように表現力といってもよいようなことを指している場合もあります。営業会社のように「お客様の言わんとすることを、皆まで言われなくともイメージして理解することができる」というような想像力や空気が読める力というような用法もあります。他にも「人とすぐに仲良くなれる能力」とか「面白い話ができる能力」「人に対する影響力」など、実にさまざまな意味でコミュニケーション能力という言葉は用いられています。

## 面接において測っているのはどんなコミュニケーション能力か

このように、企業や仕事によって、採用基準となるコミュニケーション能力の定義の実態は違うのですが、加えて、あまり知られていない事実があります。実は、面接官が意識的にはどのような採用基準で面接評価をしていたとしても、無意識的にはある特性を重視しがちということです。それは「外向性」と「情緒の安定性」です。

日本における採用面接研究の第一人者である今城志保氏が、85社の実際の新卒採用面接で収集したデータを用い、SPIテストの結果と面接評価の相関を分析した結果、わかったことは、「外向的で情緒が安定している人は、一般的に面接評価が高くなる傾向がある」ということでした。

「外向性」とは、興味関心が外界に向けられる傾向のことで、よく使われる、人を表現する言葉で言えば、「積極性」や「社交性」「明るさ」などを含む概念です。また「情緒の安定性」とは、落ち込みやすいなど感情面・情緒面で不安定な傾向が「ない」こと、まとめれば「明るくはきはきしていて、堂々としていて緊張などしない人」が多くの面接では評価されているということです。

直接的には断言できないかもしれませんが、この研究などを見ていると、多くの会社で採用基準と言われている「コミュニケーション能力」とは、結局のところ「明るく、はきはきしていて、堂々としている」ことを指しているのではないかと私は思います。

こういう外向的な人は社交的でもあることが多く、多くの人と会いたい欲求を持っているため、学生生活の中心を課外活動に置くことも多いでしょう。そうするとGPAは必ずしも高くはなりません。むしろ低くなることもあるでしょう。このようなことも、「GPAが高くなくとも、良い人はたくさんいる」という信念を生み出しているのかもしれません。

## しかも、面接では必ずしも知的能力が評価されない

さらに、先の今城氏の研究から「外向性」や「情緒の安定性」が評価される一方で、「知

的能力は、常に面接で評価されるわけではない」こともわかっています。ここでもGPA上位者が評価されにくい状況があることがわかります。GPA上位者であるということは、当然ながら一定の知的能力を持っているということではあるわけですが、それがストレートには評価されないということなのです。

「コミュニケーション能力の定義の中には、先述のように「論理性」や「創造性」や「想像力」などの知的能力的なものもありましたが、このような知的なコミュニケーション能力を持っていたとしても実際には評価されづらいのです。

私の仮説ですが、このようなことが生じるのは、知的能力は、評価の対象が自分よりも知的能力が低い人でないと評価できないからではないかと思います。もし、私とアインシュタインが話したとして、アインシュタインの高邁《こうまい》な思想が私にとってはちんぷんかんぷんだったら、もしかすると私は「この人は知的能力が低い。なぜなら何を言っているのか全然理解できないからだ」と評価してしまうかもしれません。

知的能力が高い人は、その能力の高さゆえに論理展開のスピードが速く、常人には論理がつながっていないように思えて、論理の飛躍があると見えたり、さらにいえば、なぜそういう結論になるのかわからず、論理的ではないと見えたりするからです。

## 「知的」なコミュニケーション能力を面接で測るのは難しい

以上、面接で最重要視されると言われている「コミュニケーション能力」について、いろいろな角度から考えてみましたが、「明るく、はきはきしていて、堂々としている」というような「情緒的な」コミュニケーション能力については評価されやすいのに、「知的な」コミュニケーション能力についてはそれほど評価されにくい可能性があることがわかりました。

しかし、繰り返しますが、本当のところ各企業は「知的な」コミュニケーション能力を求めていることも多いのです。そう考えると、面接だけでコミュニケーション能力を評価しようとすることは危険です。結局、表面的な印象に惑わされてしまう可能性があるからです。

そう考えれば、やはりGPAという客観的な指標を採用選考で重視していくことがますます必要になっていくことでしょう。GPAで高得点を取ることは、さまざまな知的能力を持っている可能性を予測するものだからです。特に、自社で採用基準としているコミュニケーション能力が、「論理性」や「創造性」や「想像力」などに近い「知的な」ものであると定義されているような企業であれば、よりいっそうGPAを重視して採用選考を行っていくべきかもしれません。

第3節

# GPA上位者は学業での行動を自己PRや「ガクチカ」で伝えない

## 面接での最頻出質問、「ガクチカ」の問題点

採用面接で最も質問されているといってよいものは通称「ガクチカ」、すなわち「学生時代に力を入れてきたことは何ですか」というものです。一見すると、学生時代に頑張ったことを聞くことは別に何の問題もないように思えます。私自身もこれまでの面接で何万回も質問してきましたし、これからも聞いてしまうかもしれません。たしかにこの質問は「悪い」わけではないのですが、ただ、いくつか問題があるのです。

最大の問題点は、「力を入れてきたこと」というものは大抵の場合は、自分から「好きで自発的にやってきたもの」が多いということです。好きだから力を入れるわけです。この

ような「好きで自発的にやってきたもの」は、基本的には課外活動です。なぜならば、学業は「好きで自発的にやる」人もいるでしょうが、前提としては「(好きかどうかは別として) 学生全員に義務として課されているもの」だからです。

ところが、第4章で述べた通り、人が好きなことを頑張って能力を発揮するのは当たり前であり、むしろ、仕事ができる人の特徴は、好きではなくとも、やらなければならないことがあれば、何らかの意味づけをしてセルフモチベートすることで、なんとか成果を出すことであったはずです。それなのに「ガクチカ」を聞いてしまえば、出てくる話が、好きなことを頑張った話になるのは当然で、候補者が「義務」に対してどのような姿勢で臨むか、どういう思考・行動パターンを持っているのかということを知るための情報が入ってこないのです。

### 「ガクチカ」で、せっかく頑張った学業の話をする人は少ない

今回の私たちの調査でも同じ結果が出ています。インタビューの際に、GPA上位者の彼らに「就職活動で『ガクチカ』を聞かれた時にどんな話をしていたのか」という質問を必ずしていたのですが、せっかく学業で良い成績を取っていたにもかかわらず、そのこと

を「ガクチカ」として話していた人はとても少なかったのです。

考えてみれば「さもありなん」です。GPA上位者たちにとっては、学業は日常であり、やらなければならない義務であり、周囲のみんなもふつうに取り組んでいることであり、しかも、成績の良し悪しは、奨学金や学年表彰など以外では、ことさら取り上げられるものでもないからです。こういうものを「ガクチカ」で話す人が少ないのは当然かもしれません。学生は、「ガクチカ」とはそういうものではなく、もっと派手で、他の人と差別化できる非日常なものであり、成果のすごさがわかりやすいものと考えているのです。

またGPA上位者は努力に対する「当たり前水準」（どれくらい努力をすれば当たり前レベルとなるかについての個々人が持っている内なる水準）が高いために、自分がしてきた学業に対する取り組みが「すごい」とは思っていない場合すらあるのです。自分が学業に対してやってきたことなど、採用面接で評価に値しないようなことであると思っているのです。

しかし、これまできわめて多くの採用面接を行ってきた筆者たちの総意は、「GPA上位者が学業に対してやってきたことは、十分素晴らしいレベルであり、採用基準にはよるものの就職活動においても評価されるべきものである」というものでした。「ガクチカ」を問われても、きちんと丁寧に話をすれば（あるいは面接官が引き出せれば）、おそらく高い評価を得ることでしょう。

## 面接官が学業での思考・行動に強い関心を持たないと聞き出せない

ただ同時に、筆者たちの反省点でもあるのですが、もしこれまでやってきた採用面接のようにふつうに「ガクチカ」を聞いていたとすれば、彼らの素晴らしい特性を引き出せただろうかとも思いました。今回は「GPA上位者とはどんな人なのだろうか」「GPAが高い人は、企業の求める人材要件を持っているのだろうか」という特殊な問題意識を持ってインタビューをしていたからわかったのです。

そういう問題意識から行ったインタビューであったから、彼らが学業に対してどのように捉えて、どのような姿勢で臨み、どのような工夫をして、最終的にどのような困難を乗り越えた末に高い成績を得たのかを、詳しく丁寧に聞き出すことができて、初めて前述のように「彼らは採用面接でも高い評価を得て申し分ない人たちである」と思えたわけです。つまり、学業に関する思考や行動を意識して聞かなければ、彼らを見逃していた可能性は高かったかもしれません。いや、おそらく実際にそのようなことはあったことでしょう。

このような点からも、多くの面接官が学業に関心が低い現在の状況では、GPA上位者が評価されにくいといえます。インタビューをする側があまり聞こうとせず、インタビューをされる側もあまり話そうとしなければ、学業に関する情報は伝わらず、そしてもちろん評価の対象にはならないのです。

第4節

# 「GPA上位者を狙う」という採用戦略

## 採用戦略の基本は「ブルーオーシャン」を狙う

本書を読んでいただいている方の中に採用担当者がいらっしゃればラッキーかもしれません。というのも、このように現状では企業も学生も学業に関する情報にそれほど注意を払っていないということは好機だからです。

採用戦略の基本は「ブルーオーシャン」、つまり競争の激しくないマーケットを狙うということです。誰もが狙うような「課外活動で華々しい成果を上げた、明るく社交的な人材」を狙うのはいわゆる「レッドオーシャン」（競争の激しい「血の海」）で、得策ではありません。採用ブランドがよほど強くなければ人材獲得競争に負けてしまうからです。こんなことはある意味当然なのですが、それでも多くの企業は「みんなが良いと思うターゲット」に向かっていきます（だから「レッドオーシャン」が生まれるわけですが）。

筆者たちが以前属していたリクルートでも、当時の採用戦略の基本は長い間「ブルーオーシャン」戦略でした。たとえば、法学部や経済学部よりも文学部や教育学部（筆者の曽和は教育学部です）を狙ったり、工学部よりも理学部や農学部を狙ったりしていました。他にも、男性よりも女性（当時はまだ男性を採りたいという企業が今よりも多かった）、大都市圏よりも郊外や地方の大学生など、できる限り競争を避けることで結果として良い人材を採用していたものです。

そもそも採用は1人ずつ評価して吟味して採っていくものであり、その人が自社にとって良い人であれば、属性などというものは最終的には関係ありません。しかし、新卒採用は中途採用と比較すると、個々人の人となりの手がかりとなる情報が少ないために、「入社確率の高い」＝「これまで入社実績のある」属性ばかりに手を出すことが多いのです。しかし、繰り返しますが、そういう「レッドオーシャン」に手を出すことは悪手であり、あまり誰からも狙われていない層を狙うべきなのです。

## 「GPA上位者」という「ブルーオーシャン」

これほどまでにGPAで高得点であることが注目されていないのであれば、GPA上位者という属性は、むしろ競争が少ない中で、じっくりと時間をかけてアプローチすることができる「ブルーオーシャン」な対象になります。そして、競争が少ないがゆえに、見つけることができれば採用できる（入社してもらえる）確率が高いという素晴らしい人材なのです。

そうであれば、一つの採用戦略として、GPA上位者を徹底的に狙っていくということが可能ではないかと思います。しかも、言うまでもなくGPAは客観的な数値であり、事前に提出してもらうことも容易ですから、GPAの上位者を抽出することはとても簡単なことなのです。

近年いろいろな会社が、何十万人もの学生が登録しているスカウトメディア（OfferBoxなどが代表例）を使うようになりました。採用担当者は自社に適した人材を探そうと血眼になってスカウトメディア内で日々検索を繰り返し、そこに書かれている学生の情報（エントリーシートのようなもの）を読んで、自社に適している人かどうかを判断し、スカウトメールを打って「会いませんか」と誘うということをしています。

以前からの採用広告だけに頼る受け身の採用手法と比較すればアグレッシブで素晴らしい方法です。ただ、スカウトメディアはうまく検索しなければ、みんな同じ検索をしてしまい、たどり着く人は同じになって、その結果期せずして「レッドオーシャンに迷い込む」ことにもなりかねません。

## 「見つけやすい」のに「ブルーオーシャン」である属性は珍しい

ところが、GPA上位者はそうではないのです。すぐに見つけ出すことができるのに、あまり注目されていない「ブルーオーシャン」なのです。見つけやすい良質な属性は、ふつうは「レッドオーシャン」になってしまうのですが（見つけやすいので多くの企業がアプローチするため）、GPA上位者は珍しいことに現状では「見つけやすいブルーオーシャン」なのです。このような素晴らしいターゲットを放っておいてよいのでしょうか。

各社の採用基準によっては、これまで述べてきたようなGPAで上位である人の特性があまり関係ない、それを必要とはしていない会社もあるとは思います。しかし、本節で述べたように、GPA上位者は、それほど労力をかけずに狙ってアプローチできる対象なわけですから、採用に力を入れている企業や採用に困っている企業の採用担当者の皆さんは、一度くらいはリサーチも兼ねて、GPA上位者を狙ってみることをお勧めします。

実際に狙って会っていけば、もしかするとGPA上位者という「ブルーオーシャン」は自社に適した人材がたくさんいる宝の山だとわかるかもしれません。しかも、多くの企業がGPA上位者の優秀さに気づくまでの間のみがチャンスなのですから、やるなら今しかありません。近い将来、多くの企業が気づいてしまってからでは（私は早晩そうなると思っています）、「GPA上位者」という属性も他の多くの属性（偏差値の高い学校（いわゆる上位校）である等）と同様の「レッドオーシャン」になってしまうことでしょう。

**曽和利光**

## 第5章まとめ

- さまざまな採用選考手法の中でも、「面接」という手法は面接担当者の心理的バイアスの影響を受けやすく、妥当性のあまり高くない手法である。

- 面接は「外向性」や「情緒の安定性」を過大評価する傾向がある一方、知的能力を評価するには必ずしも適していない。
- 面接担当者は、事実にもとづいた評価や知的能力などを知るために、GPAや学業での行動に関心を持って話を聞くべきである。「ガクチカ」エピソードを聞くだけはわからないことも知ることができる。
- 学業に着目することで優秀な学生を発見し、企業の採用力向上にもつなげる。

第6章

# GPAによって入社後のミスマッチも防げる

GPAの「低さ」の背景を知ることも重要

これまでの章では、GPAにおける上位者の特性が企業の求めている人物像と似ていることや、それを見抜くためには、新たな視点で面接などの選考方法を見直さなければならないことを述べてきました。

そうすることで、今まで見逃されていたGPA上位者という新たな採用ターゲットを見つけ、企業は採用力を上げることができ、社会はGPA上位者という現状では埋もれがちな逸材を世に出すことができるようになるでしょう。この少子化時代、人手不足時代において、人材を適切に見出して活躍のチャンスを与えることはとても重要なことです。

一方、GPAが低い学生についてはどのように考えればよいのでしょうか。今までの常識であれば、「そもそも学生は学業に力を入れていないのだから、特に気にしなくてもよい」と思う方が大半だったのではないかと思います。しかし、ここまで本書をお読みいただいた方であれば、GPAが低いという事実は、その理由をチェックすべきところであり、その人の性格や能力を推し量るうえで重要な情報をもたらすものであることがわかっていただけるのではないでしょうか。

本章では、GPAが低い学生について、その低得点がなぜ生じたのかを問うべき理由や、実際に採用選考の場においては、どのような質問によって情報収集をし、どのように判断をすべきかについて考えてみたいと思います。

第1節

# 入社後の「期待外れ」はなぜ起こるのか

**何十年も続く「3年で3割の新卒者が離職」する事実**

厚生労働省が2020年に実施した調査によると、2017年3月に大学を卒業して就職した大卒の新卒社員のうち、3年以内に仕事を辞めてしまう人は32・8％でした。その内訳を見てみると、1年以内に辞めた人は11・6％、2年以内が11・4％、3年以内が9・9％となります。1年目に辞める人が最も多く、経験を重ねるごとに少しずつ離職率が低くなる傾向にあることがわかります。

さて、この状況はいつからあったものなのでしょうか。そこで、さらに30年前からのデータをすべて見てみると、バブル崩壊の翌年、1992年が23・7％と最も離職率が低く、逆に最も高いのは2004年の36・6％という結果でした。しかし、いずれにせよ、この30年間、おおよそ3割の大卒の新入社員が離職していることに変わりはありませんでした。

つまり、よく巷で聞くことの多い「最近のゆとり教育で育った若者は我慢が足りず、すぐ辞めてしまうのだ」というような事実はまったくなく、3年で3割辞めるという現象は30年前からほとんど変わらない傾向なのです。30年前の学生、つまり現在ではすでに中高年世代の人々も、変わらず「3年3割」辞めていたのです。

## 原因と考えられるのは「リアリティ・ショック」

それではなぜ、新卒社員は辞めていってしまうのでしょう。その理由を考えるのに、パーソル総合研究所の2019年に発表された「就職活動と入社後の実態に関する定量調査」は示唆に富むデータが満載です。

この調査によると、報酬・昇進・仕事のやりがい・働きやすさなどについて、入社後に何らかの事前イメージとのギャップ（リアリティ・ショック）を持ち、「期待外れ」であったと感じる新社会人は76・6％におよぶことがわかっています。実に約8割という驚くべき数字です。

彼らは何にギャップを感じているかといえば、「報酬・昇進昇格のスピード」（思ったより早く昇給・昇進できない）や、「仕事から得られる達成感」「仕事のやりがい」「仕事で与えられる裁量」などの仕事内容についてでした。

同調査において、このリアリティ・ショックが高い新入社員ほど、成長実感がなく、仕事を楽しんでおらず、3年以内に離職していることも判明しました。つまり、3年以内離職の原因の一つとして、このリアリティ・ショックが関係していることが窺えます。

## 学業に力を入れている人は「リアリティ・ショック」が少ない

さらに、同調査では、どのようなタイプの新入社員が、リアリティ・ショックが高くなってしまうのかについても検討しています。その結果、入社前に「将来やりたいことが決まっていること」との関係が示されています。リアリティ・ショックの高低で分けると、大学3年の冬の時点で、リアリティ・ショックが低い群の6割は、将来のやりたいことが決まっている一方、リアリティ・ショックが高い群は3割を下回っていたのです。

そして、学生時代に早期に「将来やりたいこと」が決まっている学生（以下、決定層）は、決まっていなかった学生（以下、未決定層）と比較すると、学業に力を入れていることもわかりました。

「学生時代で時間をかけていた活動」という調査項目において、「大学で授業や実験に参加する」という質問でYesと回答した人は、決定層では79・7％に対して、未決定層では66・7％でした。また、「授業に関する勉強（予習や復習、宿題・課題など）」では、決定層で60・3％、未決定層で45・6％、「勉強のための本（新書や専門書など）を読む」では、決定層で48・3％、未決定層で37・8％でした。加えて、「授業とは関係のない勉強を自主的にする」という質問でも、決定層で49・1％、未決定層で31・8％という差がありました。（※上記データ、いずれも1％水準で有意差あり）

**「やりたいこと決定層」は学業、「未決定層」は趣味・クラブ・アルバイト**

さらに興味深いことに、同調査では「学生時代で最も重点を置いていたこと」（まさに、これは「ガクチカ」です）を単一回答で答えさせているのですが、決定層と未決定層では、まさに対照的な結果となりました。

決定層が選んだものは、「資格取得」「勉強」「豊かな人間関係」でしたが、未決定層が重視していたのは、「アルバイト」「クラブ」「趣味」でした。そして、選ばなかったものは逆転し、決定層は「アルバイト」「クラブ」「趣味」で、未決定層は「資格取得」「勉強」「豊かな人間関係」でした。

この結果を、これまでの我々の調査や考察と合わせてみると理屈がつながるように思えます。つまり、学業に力を入れている学生は、将来やりたいことを入社前に早期に決定していて、その結果リアリティ・ショックが少なく、離職もしにくくなる傾向がある。逆に、あまり学業に力を入れずに、自分のやりたい趣味やクラブ、アルバイトに注力している学生はなかなか将来やりたいことが決まらずに、就職後にリアリティ・ショックを受ける可能性が高く、そして離職をしやすくなる可能性があるということです。

これまで採用面接での「ガクチカ」質問で、クラブやアルバイトのことばかり聞いてきた採用担当者にとっては、意外な結果ではないでしょうか。

## 第2節

# 「好きなことを頑張れる」はどこまで評価すべきか

### 「好きになれること」自体は高評価できる

第1節で、クラブやアルバイトに力を入れている人の「傾向」について、調査にもとづいて述べてきました。簡単にいえば「決してプラスとはいえない」という、長年採用面接を行ってきた筆者（曽和）にとっても驚きの結果ではありましたが、なぜこのようなことになったのかについて、ここからは考察してみたいと思います。

そもそも、クラブやアルバイトはどのように始めるものでしょうか。大学生になったら、全員がやらなくてはならない義務でしょうか。すでに第4章でも述べたことではありますが、当然そうではありません。これらは学生が自発的に好きで行ったことです。嫌ならやらなくてもよいことです。

もちろん、そういう「やらなくてもよいこと」を自発的に始めること自体は大変素晴らしい行動であり、それを高く評価する企業も多いでしょう。クラブやアルバイトを頑張っている人が悪いなどということは決してありません。ここはくれぐれも誤解のないように強調しておきます。

このように好きなことを頑張れるということはまったく悪くありません。さまざまなことの中から特定の対象を「好きだ」と感じてコミットできることは才能ですし、それを高いレベルで追究できることは素晴らしいことです。近年では、自分の好きな領域に熱中してのめり込んで、深い専門性を身につけることができる、いわゆる「オタク気質」を高く評価する企業はとても増えています。ですので、繰り返しますが「物事を深く好きになることができること」「熱中できること」「没頭できること」自体に関しては高く評価されるでしょう。

### 問題は、好きなこと「しか」頑張れないこと

ただ、第4章でも述べたように、好きなことであれば、それをモチベーション高く頑張

ることができるというのは当然のことともいえます。極端な例ですが、採用面接の際に、「私はディズニーランドが好きで、年間パスポートを持っていて、毎週のように通っているので、年間数十回も行っています」と聞いたところで（実際にそういう自己アピールをしてくる人は存在します）、面接官は「それはすごい継続力だなあ」などとは思いません。ただ単に、「この人はとてもディズニーランドが好きなのだなあ」と思うだけで、採用上の評価に組み込むことはないでしょう（むしろ、すごいのはその人ではなく、その人を年に数十回も呼び寄せるディズニーランドです）。

ですから、好きになれること自体は評価されても、好きなことを頑張ることができることはそれほど評価されない場合が多いのです。むしろ、評価に関係してくるのは、好きでもないこと、義務でやらねばならないこと、やりたくもないのに巻き込まれてしまったことで、どのぐらい頑張ることができるかどうかです。なぜなら仕事で高い業績を出せる人は、このような「好きでもないこと」においてでも頑張れる人だからです。

**どんな仕事にもたくさんある「嫌なこと」を頑張れるか**

すでに何年も仕事経験のある社会人の皆様には釈迦に説法ですが、毎日やっている自分の仕事がすべて好きなことばかりでできているという幸運な人はほとんどいません。好きな領域の仕事に就いていたとしても、その中には雑務やらルーチンワークやらトラブル対策やら、嫌なことも多分に含まれているのがふつうです。それらをこなさなければ、結局は、好きな領域の仕事であっても、最終的には高い成果を上げることは難しいのが現実です。それで、高業績者は「嫌なことでも頑張れる人が多い」のです。

以上のような考え方は、多くの企業の採用面接における基準の一つになっています。ですから、好きなこと「しか」頑張れないと判断されると、低い評価につながる可能性が高くなるのです。実際、この評価の考え方は、第1節でみたように、義務でやらなければならない学業は頑張らずに、趣味やクラブ、アルバイトという自分の好きなことばかりに注力している学生はリアリティ・ショックを受けやすく、離職しやすいということにも符合します。

やはり、面接官は「ガクチカ」で学生が好きなことについての話ばかりするのを黙って聞いていてはいけませんし、就職活動をしている学生の側も、「自分は好きではないことでも頑張れる」ということをきちんと証明するために、趣味やクラブ、アルバイトだけではなく、学生の最大の義務である学業についても話すべきなのです。

## 第3節

# GPAが低い人に対して問うべきこと

### GPAが低いことを見逃してはいけない

このように考えてみると、第5章では、GPAが高い、良い資質を密かに持っている人を見逃してはならないということを申し上げたのですが、逆にGPAが低い人も注意してその背景を探ることが必要であることがおわかりいただけることでしょう。

現在の大学教育は繰り返し述べてきたように大きな変化を遂げているため、学業は大昔と違って学生にとっては避けることのできない義務になっています。その義務に対してどう考えてどう行動したかを示す結果がGPAだからです。

ただ、ここも誤解がないように強調しておきたいのですが、GPAが低いことが即ダメということではありません。大学生活の目標は人によってさまざまです。高いＧＰＡを取ること以上に大切な目的を持って学生時代を過ごす人も多いでしょう。そういう人の中には、ＧＰＡは特に問題ではなく、卒業するための単位が取れるかどうかだけが関心事であるという人もいます。そういう人のＧＰＡが低かったとしても、それを企業の採用選考において、取り立てて低評価する必要があるかどうかは疑問です。

ここで申し上げたいのは、ＧＰＡの絶対値自体で評価することが重要なのではなく、ＧＰＡが低いなら低いで、それがどうして低くなったのかという理由や原因を探るべきだということです。「ＧＰＡが低い」というその人を知る重要な事実を見逃してはいけないというのは、そういう意味です。特に、長年ＧＰＡに関心を持ってこなかった方こそ、「低くても別に問題ないのでは」と見逃しがちですので、注意しましょう。

## ＧＰＡが「低い」とは

それでは、ＧＰＡが「低い」とは、どれくらいのレベルのことをいうのでしょうか。現在の日本の大学においては、まだ欧米ほどの厳格さを持って高低を論ずるまでには至りませんが、目安を申し上げることはできます。

本書の共著者の所属先でもある履修データセンターの履修履歴表（図1）では、応募者の学生と同じ学部学科の前年度の平均GPAがわかります。

あくまで目安ではありますが、この前年度の学部学科平均より0・5ポイント以上低い学生はGPA低得点者と考えてもよいかもしれません。

もちろん企業によってどのくらいのGPAを「低い」とするかは本来的には自社内で決めるべきです。現時点では、すでにGPAを重視していて採用において過去データを取ってきている企業は多くないでしょうから、初めは上記のような目安で考えるしかないでしょう。しかし、徐々に自社の受験者におけるGPAの得点データがたまってくれば、自社の入社者のGPA平均を大学学部学科毎に出すことができるようになりますので、それをもとに高低を判断するようにしてください。

## GPAが低い理由を聞くのはそれだけでプレッシャーであることに注意

GPAが低い学生を特定することができたら、次は採用面接などにおいてその「背景」を探る質問をします。その学生がどうして低いGPAとなったのかを、納得いくまで聞いていくのです。

# 履修履歴表

| | | | |
|---|---|---|---|
| 送信者情報１ | ds002032 | 送信日付 | 2018/6/10 12:12 |
| 送信者情報２ | 小島五郎 | 卒業予定時期 | 2019年 |
| 大学名 | 早稲田大学　商学部　学科なし | | |
| 評価方式 | ４段階（Ａ＋、Ａ、Ｂ、Ｃ） | 学校区分 | 大学 |

| | | | | | | | |
|---|---|---|---|---|---|---|---|
| 取得済み単位数 | 94.0 | ＧＰＡ | 2.8 | 最高評価率 | 21.3% | 最低評価率 | 8.5% |
| 卒業必要単位数 | 128.0 | （前年度学部平均） | (2.6) | （前年度学部平均） | (18.2%) | （前年度学部平均） | (10.2%) |

| # | 講義名 | 評価 | 単位数 | [illegible] | # | 講義名 | 評価 | 単位数 | [illegible] |
|---|---|---|---|---|---|---|---|---|---|
| 1 | 総合教育セミナーＳ（Ⅱ類） | Ａ＋ | 2.0 | | 41 | ドイツ語Ⅰa | Ｂ | 2.0 | |
| 2 | 社会学Ⅰ | Ａ＋ | 2.0 | * | 42 | 経営史 | Ｂ | 2.0 | * |
| 3 | 社会学Ⅱ | Ａ＋ | 2.0 | * | 43 | ドイツ語Ⅰb | Ｂ | 2.0 | * |
| 4 | 日本の政治 | Ａ＋ | 2.0 | | 44 | 現代社会と医学Ⅱ | Ｃ | 2.0 | * |
| 5 | 法学Ⅰ（憲法を含む） | Ａ＋ | 2.0 | * | 45 | Japanese business and Society | Ｃ | 2.0 | |
| 6 | 法学Ⅱ（憲法を含む） | Ａ＋ | 2.0 | * | 46 | 情報通信政策Ⅱ | Ｃ | 2.0 | * |
| 7 | アカデミック・スキルズⅠ | Ａ＋ | 2.0 | | 47 | 国際競争のもとでの企業の成長戦略 | Ｃ | 2.0 | |
| 8 | アカデミック・スキルズⅡ | Ａ＋ | 2.0 | | 48 | ドイツ語Ⅱa | 履修中 | 0.0 | |
| 9 | 情報リテラシー基礎 | Ａ＋ | 2.0 | | 49 | 産業社会学Ⅱ | 履修中 | 0.0 | |
| 10 | 英語コミュニケーションⅠa（準上 | Ａ＋ | 2.0 | * | 50 | 商業学Ⅱ | 履修中 | 0.0 | * |
| 11 | 英語コミュニケーションⅠb（準上 | Ａ | 2.0 | * | 51 | 統計学Ⅰ | 履修中 | 0.0 | |
| 12 | 線形代数 | Ａ | 2.0 | * | 52 | 管理会計論Ⅰ | 履修中 | 0.0 | |
| 13 | 体育実技Ａ（エアロビクス） | Ａ | 2.0 | | 53 | 現代企業経営各論（会社と持続可能 | 履修中 | 0.0 | * |
| 14 | 英語リーディングⅠa（中級） | Ａ | 2.0 | | 54 | ダイレクト・マーケティング論 | 履修中 | 0.0 | |
| 15 | ドイツ語Ⅳb | Ａ | 2.0 | | 55 | ジャーナリズム論Ⅰ | 履修中 | 0.0 | |
| 16 | 経済学基礎Ⅰ | Ａ | 2.0 | | 56 | 産業史各論（比較小売業史） | 履修中 | 0.0 | |
| 17 | 経済学基礎Ⅱ | Ａ | 2.0 | | 57 | | | | |
| 18 | 統計学Ⅱ | Ａ | 2.0 | * | 58 | | | | |
| 19 | 経済史Ⅰ | Ａ | 2.0 | * | 59 | | | | |
| 20 | 私法基礎Ⅰ | Ａ | 2.0 | | 60 | | | | |
| 21 | 私法基礎Ⅱ | Ａ | 2.0 | | 61 | | | | |
| 22 | 経営学（環境と戦略） | Ａ | 2.0 | * | 62 | | | | |
| 23 | 経営学（組織と管理） | Ａ | 2.0 | * | 63 | | | | |
| 24 | 基本簿記と財務諸表の見方 | Ａ | 2.0 | | 64 | | | | |
| 25 | 商業学Ⅰ | Ａ | 2.0 | | 65 | | | | |
| 26 | 産業経済論a | Ａ | 2.0 | | 66 | | | | |
| 27 | 産業経済論b | Ａ | 2.0 | | 67 | | | | |
| 28 | 応用簿記 | Ａ | 2.0 | | 68 | | | | |
| 29 | 生物学Ⅰ（実験を含む） | Ａ | 2.0 | | 69 | | | | |
| 30 | 生物学Ⅱ（実験を含む） | Ａ | 2.0 | * | 70 | | | | |
| 31 | 微積分Ⅰ | Ｂ | 2.0 | * | 71 | | | | |
| 32 | 微積分Ⅱ | Ｂ | 2.0 | | 72 | | | | |
| 33 | 英語リーディングⅠb（中級） | Ｂ | 2.0 | | 73 | | | | |
| 34 | 英語リーディングⅡa（中級） | Ｂ | 2.0 | * | 74 | | | | |
| 35 | ドイツ語Ⅲa | Ｂ | 2.0 | | 75 | | | | |
| 36 | ドイツ語Ⅲb | Ｂ | 2.0 | | 76 | | | | |
| 37 | ドイツ語Ⅳa | Ｂ | 2.0 | | 77 | | | | |
| 38 | マーケティング・マネジメント論 | Ｂ | 2.0 | | 78 | | | | |
| 39 | 現代企業経営論（組織文化論） | Ｂ | 2.0 | | 79 | | | | |
| 40 | 産業社会学Ⅰ | Ｂ | 2.0 | * | 80 | | | | |

1

図１　履修履歴表（履修データセンター）

ただ、GPAが低い理由を問うことは、応募してきた学生にとっては、きわめて強いプレッシャーになると容易に予想されますので、聞き方には工夫が必要です。よくトヨタ生産方式由来の「5whys」といって、「5回なぜを繰り返すと、真の原因（真因）に突き当たる」ことを根拠に「なぜなぜ攻撃」を繰り返す面接官がいますが、それはやめた方がよいでしょう。

それは、日本語において「なぜ」という言葉は軽い否定の意味合いを含むからです。もし、誰かが皆さんに対して「これこれがこういうふうになりました」と報告をした時に、一言「なぜ!?」と言えば、報告者は「ダメだったのかな……」と思うことでしょう。

これと同じで、面接において何かについて「なぜ」を単純に繰り返すと、いわゆる「圧迫面接」だと思われてしまう可能性があります。ただでさえ、GPAが低いことを指摘されることはネガティブな印象を与えるのに、さらにその理由を「なぜ、なぜ」と追い詰めるように聞いては、そう思われても仕方がないでしょう。

### 相手にストレスをかけずに「GPA低得点理由」を聞く

GPA低得点の理由を、相手にストレスをかけずに聞くには少々工夫が必要です。最初から「あなたのGPAは平均よりもかなり低いですが、どうしてですか?」などと無神経な聞き方をしてはいけません。

まず確認しておくべきことは、そもそもその学生が学業と学業以外のことに対してどのぐらいの比重で力を入れていたかということです。「他の人と比較して、学業と学業外の力の入れ方はどうでしたか?」とか「数字で表すと、全部の時間を10とすれば、学業と学業外に使った時間の割合は何対何ぐらいでしたか?」などと質問してください。そうすれば、学業に力を入れていたのにGPAが低かったのか、もともと力を入れていなかったからGPAが低かったのかがわかります。

もし、ある程度力を入れていたのにもかかわらずGPAが低くなったということがわかった場合、次にその理由を(優しく)追及していきます。ここでもまだ相手に「GPAが低い」と面接官が認識していることを伝える必要はまったくありません。GPAが低くなる可能性はいくつもありますので、その可能性を順に確認していけばいいだけです。

たとえば、自分を鍛えるためなどの目的で、厳しく成績をつけるような授業ばかりを取っているかもしれません(そうであれば、低いGPAであることをそこまで低評価する必要はないでしょう)。それを確認するためには、「授業の選択に自分なりの意図や特徴はありますか？」などと聞いてみてはいかがでしょうか。

### 徐々に原因となりそうなことを確認していく

もし、授業選択においてＧＰＡが低くなる原因が見出せなければ、次に聞くべきは授業を受けている姿勢についてです。他に打ち込むべき対象があって、授業は出なくてはならないので出席してはいるものの、あまり身が入っていないこともあります（それが良いかどうかは別問題ですが）。それを確認するためには「出席はしなければならなかったと思うのですが、大学の授業はどれくらい熱心に受けていましたか」「授業中はどのように過ごしていましたか」などと聞いてはどうでしょうか。

ちなみに、このあたりの質問になってくると、聞かれる方も「これはもしかすると自分のＧＰＡが低いことを認識されているのではないか」と思ってくるでしょうから、そこを中和するためにも「今の大学の授業は私たちの頃とはかなり違っているのですよね。ちなみにあなたは……」と一般論として授業の様子を知りたいというように聞くと、警戒心を持たれることなく実情を聞きやすいと思います。警戒されれば、「ちゃんと受けていた」と優等生的な発言しかしてくれなくなりますので、慎重になる必要があります。

それでもなかなかGPA低得点の理由がわからなければ、最後はダイレクトに聞くしかありません。「あなたのGPAは平均と比較すると、やや低いですよね。特に低いこと自体でどうということはないのですが、他の人と比べてあまり高い得点が取れなかったのはどのような背景がありますか」「どのような行動が影響を与えていると思いますか」というような質問で、できる限りストレスを与えないように、しかし直接的に聞くわけです。これだけダイレクトに聞くと、まったくストレスを与えないではいられないでしょう。あとは、少しでも穏やかで柔らかい雰囲気作りをして、ストレスを緩和するぐらいしかありません。

## 「GPAが低い」ことを挽回できるチャンスの質問もする

このようにして、「どうしてGPAが低いのか」を確認していくわけですが、いくら聞いても結果として、「頑張ったのに低かった」とか「それしか取れない能力であった」「ただ単に高い成績を取ろうという気持ちになれなかった」というような結論にしかならないこともあるでしょう。

しかし、それはそれで重要な事実で聞かねばならないことです。前述の通り「義務でやらなければならないことに対する姿勢や考え方や行動」は、その人が仕事をしていく姿を想定するうえで大切だからです。少し気まずい雰囲気になるかもしれませんが、致し方ありません。

ただ、そういう雰囲気のままに面接を終えてしまっては、これまた「圧迫面接」と言われてしまうこともありますし、GPAの面ではたしかにマイナス評価をせざるを得なくても、他の面で高く評価できることがあって、総合的には自社に来て欲しいと思うような学生に対して悪印象を与えた結果、辞退をされてしまうこともあります。それは企業にとっても学生にとっても本意ではないでしょう。

ですから、GPA低得点理由を追及するという厳しい質問をした後には、必ず、応募学生が挽回できるチャンスとなるような質問もしておきましょう。たとえば、「成績においては、あまり全般的には高得点は取れなかったようでしたが（と、さらっと流す）、そこには表れなかったものの、自分としては能力面で自信のあるところはありますか」とか「この科目だけは力を入れていたというものはありますか」「この科目からはいろいろ学べたというものはありますか」というように限定した質問をすれば、どんな学生でも少しは言うことがあるのではないかと思います。

## 聞きにくいことも聞く。言いにくいことも言う

さて、このようにネガティブなことの背景を聞いていくことは、質問する方もかなりの気を遣う作業ではありますが、ミスマッチを起こさないためには聞かなくてはいけません。こういう聞きにくいことを、「確実に」、しかも「嫌な印象を残さずに」聞けるのが本当の面接のプロではないかと思います。

また学生の視点からいうならば、自分のGPAが低いということがわかっているのであれば、相手からどんどん追及されて初めてその原因についてぼそぼそと語るのでは、よりいっそう悪い印象を与えてしまうかもしれません。成績について話がおよんだ際には（そうでなければわざわざ自分から言う必要はないですが）、自分から積極的に「私のGPAはかなり低いのですが、その理由は……です」というように、問われる前にきちんと説明をする方がよいでしょう。

隠そうとすればするほど、人間というものはその裏に不安を感じるものです。あっさりと「ちゃんと成績が悪いことを認識している」「しかし、それはこういう理由があり、半ば意識的にやっている」と言えば、面接官も知りたいことが知れて、「ああそうなんですね」でさっと終わるかもしれません。

そもそも面接というものは騙し合いのゲームなどではありません。面接とは、入社後のリアリティ・ショックや早期離職などの悲劇的なミスマッチを起こさないようにするためのものです。就職活動で最悪なのは、合っていないところに入社してしまうことですから、お互いに腹を割って、素の状態でコミュニケーションを取る方がよいでしょう。

面接官は聞きにくくても必要なことは聞く。応募者も言いにくくても必要なことは言う。それで、いくら面接の場が緊張感漂う状況になったとしても、最終的にはお互いのためになるのではないでしょうか。

曽和利光

# 第6章まとめ

- 新卒採用者が「3年で3割」離職してしまうのは、入社前の理想と入社後の現実とのギャップで起こる「リアリティショック」が原因。

- 学業に力を入れている学生は、将来やりたいことを入社前に早期に決定していて、その結果リアリティ・ショックが少なく、離職もしにくい。
- 学業に力を入れていない学生は、好きなこと「しか」頑張れない人である可能性もある。仕事は好きなことばかりではないため、そういう人はなかなか成果を出しにくい。
- GPAが低いこと自体が即問題ではないが、注目して面接でその理由を聞き出し、評価の対象とすべきである！

# 第7章

# 「就職力」を伸ばす
# 大学・授業の活かし方

84名のヒアリングからわかった授業の活用術

2020年4月に最初の緊急事態宣言が発出されてから、大学生活は一変してしまいました。クラブ・サークル活動、アルバイト・ボランティア活動、留学などの、面接の定番の「自己PR」「ガクチカ（学生時代に一番力を入れたこと）」に必要なエピソードになる活動ができなくなりました。一方でWEBの授業になったことで、レポートでの課題や試験が増えて学業に関わる時間が増加した大学が数多くあるようです。

このような環境で大学生活を過ごす学生の皆さんは、学業での行動から自分をうまくアピールできる「自己PR」「ガクチカ」を見つけることが必要になります。

今回の84名のヒアリングで、エントリーシートや面接で必ず必要な「自己PR」「ガクチカ」で効果的に話せるために必要な学業での行動がわかりました。また授業の時間をうまく使って、「地頭の良さ」を高めている人たちの学業での行動もわかってきました。

本章では、就職活動において効果を発揮しやすい学業での行動のポイントを具体的に説明します。

# 第1節

# 「自己PR」「ガクチカ」で使える学業方法

## 学業の行動を実際の面接で使う方法（学業外活動に学業を付け加える）

就活の「自己PR」や「ガクチカ」では一般的に学業外の活動について話します。仮に学業に力を入れていたとしても、学業の話は面接では使えないと考えている人が大半のようです。それは多くの就活生が一般的に思われている「ガクチカなどでは一つのエピソードに絞る必要がある。また学業外のエピソードの方がウケる」という通説を信じているからです。実はこの通説は正しくありません。

本来、「自己PR」や「ガクチカ」は面接では最初に質問される自己紹介を兼ねたような基本的質問です。その意味では多面的な魅力を伝えて興味を持ってもらうことがより重要です。多面的に興味を持ってもらうと、その後の面接では活発に質問してもらうことができます。ではなぜ、「一つに絞ったほうが良い」と一般的に信じられているのでしょうか。それは、複数の資質やエピソードでは伝えたいポイントが散漫になりすぎる、あるいは、長々と話してしまい飽きられてしまうことを恐れているからです。つまり、最も効果的な「自己PR」「ガクチカ」は散漫になることなく、多面的な良さを、短い時間で伝えることです。

実は、学業の行動は「自己PR」「ガクチカ」に打ってつけなのです。その理由は2つです。一般的に学業での資質は学業外に表れる良さと異なる場合が多く、多面的な良さを伝えやすいからです。もう1つの理由は学業での行動は成績表という確固たる事実があるので、長々と具体的なエピソードを話す必要がなく、「意図と結果」だけを伝えれば納得してもらえるからです。もともとエピソードが必要な理由は、面接官に納得してもらうためです。「サークルのキャプテンでチームをまとめた」と言っても、それが本当かどうかは証明のしようがありません。面接官には、具体的にどのような場面でどのようなことを考え、具体的に何を実行したのかを説明することで、そこまで詳細に説明できるのであれば本当のことを話しているのだろうと納得してもらうしかないからです。学業では証明できる具体的な事実があるので、それをうまく使えば楽に伝わります。つまり、学業での資質は、学業外の資質と同時に伝えることができるのです。

たとえば「ガクチカ」ならば、「大学生活を充実させることに力を入れました。具体的には学業外活動では……○○をしており、その中で私は……、具体的には……そのような経験から……、結果的に……です。一方学業でも親の負担を軽くするために奨学金を獲得することを目指して1年生から常に高成績を維持できています。このようにどちらかではなく、どちらにも力を入れることで充実した大学生活を送れていると思います」というような言い方で、学業外と学業の双方での行動を伝えられます。

また自己PRなら「私はリーダーシップがあると思います。というのもサークルでは……、そのように考えたのは……、そこで私は……、途中では……、でも最終的には……、それらの結果から……だからリーダーシップがあると思います。ただそのリーダーシップは、陰で努力できる真面目さがあることでみんなに信頼されているからだと思います。具体的には学業でも手を抜かず授業には出席して、GPAは3・0より低くなったことはありません」と、リーダーシップとそれを支える真面目さを伝えることができます。

いずれも、学業に関しては具体的なエピソードなどは伝えていません。どの大学でも1

24単位以上取得しないと卒業できない共通の環境で、何より学業行動の結果として成績表という脚色できない事実があるので、詳しいエピソードが不要なのです。このように最後に付け足した学業での資質に関して面接官は納得しつつ、より詳しいことを聞きたくなれば「どのように奨学金を獲得したのか?」「GPA3・0を維持するためには、何が難しいのか?」などをさらに興味を持って聞いてくれます。

このように学業での行動だけで、「自己PR」「ガクチカ」を話すのではなく、学業外活動に学業でのことを付け加えることで、多面的な良さを短い時間で伝えることが可能になります。これが就活で学業の行動を伝える基本的な方法です。

## 意図を持って学業に臨むことで就活に使えるようになる

エントリーシートや面接での自己PRや「ガクチカ」で学業の話をするには、「なぜそのようなことをしたのか」という理由が必要になります。つまり「意図」「考え」「思い」です。採用選考では結果や成果以上に、意図や思いを重要に考える傾向があります。単に成績が良かったという結果だけでなく、成績を高めようと意図を持ったうえで高めたことが評価されやすくなります。また成績を高めようと考えた理由が納得でき、さらに共感できればより評価されます。

就活で評価されやすい学業での行動は、このような意図や意思を持ったうえでの行動です。そもそも「学業に力を入れること」自体に対して「受動的」だというイメージをもっている面接官も相当数います。特に30歳以上の面接官や、文系出身の面接官はその傾向があります。そのために主体的な意図を持っての行動であることをはっきり伝えることが重要なのです。

私は多くの学生の方に、学業での行動を就活に使えるような指導をしてきました。中には学業に力を入れていない人を指導したこともあります。たとえば、クラブ活動に力を入れたいので学業においてはできる限り、時間をかけずに卒業単位をそろえることだけを意識していた学生などです。そのような学生でも意図して行動していた場合には、学業での行動を通して、「効率よく行動することが得意」「目標達成能力がある」などの長所を伝えることは必ずできます。そうではなく学業における行動が「意図なく」「受動的に」「周りに流されて」というような形容になる人は、学業での行動を就活に使うことは難しいものです。

意図を持つことが重要な理由のもう1つは、意図を持って行動することで記憶に残るからです。面接ではさまざまな質問を投げかけられます。興味を持ってもらえたら、その傾向がさらに顕著になります。それらの質問すべてに対して、回答を事前に考えておくことはできません。当然、その場で思い出しながら考えを整理して回答する必要があります。意図した行動はよく覚えています。そのようなとっさの時に思い出して話すことができるのは、記憶が残っている意図した行動だけです。できるだけ多くの場面で意図を持って行動しておくことが面接のためには重要です。

**就活で使える学業法1　具体的な目標を持つ**

今回面談をした多くの学生が学業において目標を持っていました。具体的には奨学金の獲得や希望の留学、ゼミに入ることです。

具体的な目標を持つことで行動は大きく変わってきます。目標を達成するためにはどうすればよいかを計画するはずです。また当初の計画通りに行くことは稀なはずなので、その際には具体的な解決方法を考えて修正しながら達成を目指します。そこには今の自分の実力と状況を見据えることも必要でしょうし、場合によっては計画の変更も必要でしょう。つまり、必然的にいろいろなことを考え、意図を持って行動することにつながります。

このような具体的な目標を持つことで、計画・実行・修正をしながら行動する必要が出てきます。その進め方は、仕事を進める際の方法と同じです。それらの行動を通しての自分の特徴から「目標達成意欲」「計画力」「実行力」「臨機応変な対応力」など、就活で伝えることができる特徴や長所が出てきます。

そもそも置かれた環境を受動的に受け止めるのではなく、その中でも自分なりの目的や目標を見つけることができる「主体性」「チャレンジ精神」「目標設定力」などがあることも説明できます。

学業における目的・目標は短期間で達成できる場合は少ないはずです。多くの場合に1年以上の期間がかかるものだと思います。そのような長期間に対して目標を決めて、そのために継続的努力をすることは大変なことです。このような長期にわたる目標志向や達成意欲などの資質を持っていることを主張するのは、学業での行動だからこそ伝わりやすいと思われます。

**就活で使える学業法2　計画を立てる**

計画を立てて行動するようにすることはとても重要です。たとえば、テスト対策などで計画を立てることです。いつから始めればよいのか？　その理由は？　どの科目はどんな準備が必要か？　テスト対策の効果はどのようになると思うか？　などの具体的な計画を立てることで多くの発見や気づきがあります。計画することで「そもそも具体的な目標レベルは？」「なぜそれを目標にするのか？」「何がわかっていて、何がわからないのか？」「どのような情報が必要か？」などが明確になります。そのうえで、具体的にいつからどのような行動をするのかを計画します。これらの過程を通して「計画して実行できる力」「着実に準備して実行できる力」「事前に結果を予測して動ける力」などがあることを伝えることができます。あるいはその過程で発揮された他の資質を説明することもできます。実際に考えて計画を立てたので、予想した結果との違いなども検証することができます。1年間で前期と後期に試験があると考えると、就活までに5～6回程度の実践ができます。その実践の中で気づいたことを次につなげることで、より話せることが増えるはずです。またそうすることで実際のテストでの成果も高まるはずです。

**就活で使える学業法3　効率を高める（時間効率を気にする行動）**

どの仕事でも効率を高めることは重要です。そのためにどのように考えて行動していたのかは就活で話せる内容となります。特に継続的で長期にわたる学業のようなものは、効率的に考え動くことが大きく成果に関わってきます。

学業においての効率を高めるというと、テスト対策を思い浮かべます。しかしそれ以外にも効率を高めるのに適した場面はあります。今回面談している学生の多くが、学業の行動を効率化するためには「授業中に理解してしまうこと」が最も有効だったと言っています。授業に出席している時間の有効活用になるのは当然ですが、わからないことがあれば授業後に先生に聞けば解決できる。他人のノートではなく自分のノートなので、自分にとって必要なポイントが記載できている。学業全体の効率を考えると、授業中の時間の有効活用がポイントであることは納得できます。このような授業中の行動の効率化をすることで、「全体から合理的に効率を考えられる」「最も効率的な行動であれば、先延ばししないで自律的に実行できる」などの資質も伝えることができます。

授業中以外でも効率的に行動する機会はあります。課題の提出、レポートの提出、テスト対策での友人との協力など、さまざまな場面で効率を高める行動を実践する場面があります。

面接では「すごい実績」「目立つ行動」などでなければ評価されないと誤解している方が

います。たしかに「すごい実績」を聞けば面接官も驚き、感嘆するので面接は盛り上がり、それなりの評価になります。しかし、面接官は「すごい実績を持っている人」を採用したいのではなく、「日々の業務の中で仕事ができる人」を採用したいのです。それには、自分の置かれている環境で少しでも成果を上げるために効率を高める努力ができる人、あるいは自分のしたいことに対して少しでもうまくできるように効率的な行動ができる人が求められています。

### 就活で使える学業法4　興味ある分野を深め、広げる

興味のある分野の授業であれば、他学部・他学科の授業でも積極的に取得することも就活で話せる行動です。今後の社会では「学び続ける力」が重視されてきます。いろいろな企業も教育には力を入れており、自律的で意思を持った学ぶ姿勢はどの企業も評価します。単に卒業単位をそろえればいいと考えるだけでなく、大学でしかできないさまざまな分野の学問ができる機会を、有効に活用する意欲も評価されやすいものです。GPA上位者の多くも面談の際に「大学でしかできないことは学業なので……」というフレーズを頻繁に使っていました。特に「楽しいから」「興味があるから」だけでなく、「将来に役立つと思

うから」「社会人になってからの武器になると思うから」というような理由からの選択がより面接では好まれる傾向があります。

さらに興味がある分野での授業の選択をすることに留まらず、積極的に深めたり広げたりする行動が重要です。**「授業では習わない分野だが、気になった点に関しては図書館で本を借りて自分なりに理解を深めた」「授業に関連して気になったことがあれば、WEBで調べた」「WEB上で公開されている授業も受講し、関連した分野にまで興味を広げた」**のような自律的で意思を持った行動をすることが、主体的な行動ができる証になります。

### 就活で使える学業法5　日常の行動に意図を持つ

日常的な学業での行動で意図を持つことも就活に有効です。たとえばゼミの発表の機会があった際に、「今回の発表では、いつもの発表とは違うレベルで、ゼミの全員から『すごくわかりやすかった！！』と驚嘆される発表をする」という意図を持つことです。いつも違うレベルでわかりやすくしようと意図すると、「そもそもゼミ生にとってわかりやすいとは？」「たとえば今のゼミでは誰が最もわかりやすい発表をするか？」「自分との違いは？」「そのためにはどうするか？」などを考えるはずです。

このように、日常的には意図なく行動している場面で、たまには意図を持って行動することでも就活で話せる内容になるものです。先ほどのゼミの発表で「全員にわかりやすい」という目標を持ったことで「『わかりやすいとはどういうことなのか？』ということが自分で整理でき、考えをまとめることの重要性に気づけた」「発表でわかりやすくするポイントはすごく些細なことだと気づいた。でも実はその些細なことが大きな成果につながることに気づいて、それからは些細なことにも注目できるようになった」というように説明できます。

意図を持つことで、いろいろなことを考え実践します。長期間にわたって継続させることに意図を持つことや目標を持つことは、自分への重い負担に感じます。でも「どうせゼミで発表するのなら、今回だけは意図を持って行動する」程度なら気軽にできるのではないでしょうか。精神的に負担にならない範囲でも「どうせ……なら……してみよう」という程度に意図を持って実行してみることも学業での行動を就活に活かしやすくなる行動です。

# 第2節

# 地頭を鍛えられる授業での行動

第3章の「GPA上位5%の人に見られる特性5」で「地頭が良くて人より時間がいらない」を取り上げています。その中で地頭とは「大学などでの教育で与えられたのでない、その人本来の頭の良さ」という辞書に載っていた言葉を紹介しています。「大学教育で与えられたのでない」「その人本来の」という言葉は、さも「教育で変化するものではない」という印象を与えます。しかし、面談を通してわかったことは、一部の学生は明らかに大学に入ってから地頭が良くなったと感じることです。

より正確に伝えるならば、「企業の採用面接で感じることができる地頭の良さ」が大学に入ってから伸びたと思われるということです。知的な業務が多い企業で「地頭の良さ」が合否に関係しない企業はありません。そして、その「地頭の良さ」は面接では必ず判断されています。面接で地頭が良いと判断されれば、内定は取りやすくなります。逆に「地頭が良くない」と判断されれば、内定を取ることが難しくなります。つまり、採用選考での合否に関係するのは「面接で感じることのできる地頭の良さ」であり、就職で内定を取りやすくするには「面接で感じられる地頭の良さ」を高めることが重要です。

本節では面談でわかった、面接で地頭が良いと感じられる学生が学業場面で実行している行動を紹介します。そしてここで紹介する方法は、筆者の人事・採用の経験から考えてもきわめて妥当なものと思われます。

「面接で感じることができる地頭の良さ」は、大学の学業での行動を意識することによって高めることができると明言できます。学業には必ず一定の時間を使うのですから、その時間の使い方にはこれから説明する方法を参考にしてください。その結果「採用面接で感じられる地頭の良さ」が高まり、それは就職だけでなく社会人になってからも役立つものです。

### 地頭を良くする勉強法1　授業内容の理解＋「考える」に頭を使う

地頭を良くするために最も効果が高いと思われるのは授業中での行動です。面談の結果から地頭が良いと感じるほぼすべての人が、授業中には内容を理解することに頭を使っているだけでなく、同時に頭の中では違うことを考えていました。

面接において、地頭の良さを確認するための基本的な質問手法は3つあります。1つは深く論理的に考えているのかを確認するために「なぜですか?」「そう考える理由を教えてください」と根拠や理由を深掘りし、質問していくことです。具体的には「当社の志望理由は?」「なぜ銀行がよいのですか?」「なぜ金融業界ですか?」「なぜ業界で決めるのですか?」というように深く理由を聞くことで、他の人よりも深く考えて納得できる回答ができる地頭の良さを確認する手法です。

2つ目は幅広い視点から考えているのかを確認するために「具体的に他に考えたことはありますか?」「それ以外の理由はありますか?」と幅広い選択肢を持ち、その中でも最も妥当なものを選択しているのかを確認します。

3つ目は概念だけの理解や表層的な理解でなく、頭の中で整理できる力が高いのかを確認するために「具体的にはどういうことですか?」というように話している趣旨に的確に合うような具体例を挙げることができるのか確認する質問です。また逆に「ようするにどういうことですか?」「そのポイントはどのようなことですか?」と具体的な経験などを俯瞰して理解することができているのかを確認する手法です。

実際の面接で、このような質問法を意図的に実践できている面接官は少ないと思います。しかし、同じ質問をした際に回答する学生の考えの「深さ」「幅広さ」「構造的な俯瞰」のレベルは自然に回答に表れてきます。面接官はその回答を聞いて「なるほど！」「確かに！」と素直に納得できる説明をしてくれた人を「地頭が良い」と、面接した多くの学生と比較して感じるだけです。つまり面接官のスキルが高くなく、意図的に探ることはできなくても、回答から「地頭の良さ」を感じることはどんな面接官でも簡単にできるのです。

授業中の行動を通じてこのように「深く理由を考える力」「幅広く関連を考える力」「構造的に俯瞰できる力」をつけることが、面接で「地頭が良い」と感じられることにつながります。

このような能力は一朝一夕で身につくものではないですが、毎日の授業の中で意識すれば着実に身についていく力です。具体的に意識する方法には以下の２つの方法をお勧めします。

### 構造的に理解・納得する

「学業においては効率を気にしています。授業中に内容を理解することは当然ですが、その授業のポイントは何なのかを気にしていました。時には授業後に友人とも気になったポイントのすり合わせや議論をしたのも楽しかったです」

「授業中に理解しようとしていました。私の言う理解は授業内容が頭の中で構造化できて整理できている感じです。ジグソーパズルで全部のピースがはまっているような状態で初めてきちんと理解できたような感覚を持っています」

「法学部の試験は、俯瞰して深い理解ができている論述でなくては良い成績にならないので、俯瞰して理解するようにしていました」

これらは、授業内容を俯瞰し、構造化して理解できている人、あるいはそうしようとしている人の言葉です。授業を聞きつつ、先生が話している内容を理解することに頭は使いながらも、同時に「ようするに先生が言っていることの要点は……だ」「先生が話している○○と、先週話していた△△は……という関係なのか」「○○の事象が起こるのは、先日習った△△の考え方が適用できるな」などと考えています。

つまり、先生の説明を聞きながらも、その話の背景やもとになっている理論、具体的な例などを考え、想像しながら話を聞いています。

そのような授業の聞き方をすることで、「理解する」ということと「理解した内容を俯瞰し整理する」という行為を同時にしていることになり、地頭を良くする訓練になっています。

**関連すること・具体的な例を想像する**

**「いろんな論点を公平に話しているつもりでも、言葉の端々に教員の主張や考えは出てくるので、そこからテストに出されるポイントはわかります」**

**「日経新聞なども読んでいたので、授業中に習っている内容に関連してビジネスで展開できることなどを考えていました」**

**「過去に習ったことや、現実の事象との関連やつながりを意識しながら授業を受けています。そうすることで整理されて記憶されやすいと思います」**

授業の内容を理解すると同時に、関連する社会の事象や、過去の授業との関連を想像することも地頭を鍛える行動です。冒頭の例も面談した地頭が良いと感じる学生の実際の言葉です。重要なことは、単に思いめぐらす想像ではなく、論理的に関連ある根拠を考えながら想像を膨らませることです。このように授業を理解すると同時に、そこから派生するさまざまなことに思いを巡らすということは、「理解する」ということと「理解したことを活用できる具体例を論理的に考える」という行為を同時にしていることになります。

以上のように、「授業内容の理解＋『考える』」ということを意識して授業を受けることで、内容の理解だけでなく、より「深く」「幅広く」「構造的に俯瞰」できる力が徐々に伸びていくはずです。

**地頭を良くする勉強法2　授業中に理解することにこだわる**

前述の「授業内容の理解＋『考える』」では授業を聞き、理解することと同時に、その内容を俯瞰し、関係するものを想像することで地頭を鍛えることにつながると説明しました。ここではそれに近いものを説明します。

授業で話されている内容は、時間をかければ誰でも理解できるはずです。しかし「面接で感じられる地頭の良さ」には「スピード」の要素が大きいのです。面接では想定していなかった質問や、準備できていない質問をされることは頻繁にあります。それらの質問に対して、その意図を理解し、ある程度の幅と深さから、論理的に納得できる回答をする必要があります。なので一定の時間内に理解し、考え、判断して言葉にすることが重要です。

つまり地頭を鍛えるには時間の要素が大変重要なのです。授業が終わってから友人に聞くのではなく、逆にきちんと理解して友人に教えられる程度まで理解する努力をすることが重要です。面談した中には、**「わからないことがあれば授業中にスマホで調べます。場合によっては近くの人に聞きます」**と答えている学生もいました。地頭を鍛えるということは、スポーツをする際の地力を鍛えることと似ています。1㎞をタイムは気にせずに走る場合とタイムを目標（たとえば3分）に走る場合では、タイムの制約がある方が地力が鍛えられるのは明白です。授業中という時間的制約を設けることで地頭は鍛えられやすくなります。

### 地頭を良くする勉強法3　授業中に他の授業の宿題をする

内職という言葉をご存じでしょうか？　大学受験の高校生が、受験に関係のない科目の授業中に受験科目の勉強をすることです。地頭を鍛えるためにおすすめするのは「内職」です。ただし、ここでの内職は少し違います。授業は聞きながら理解しつつ、同時に他の授業で出された課題やレポートをすることです。

面談した中にも**「できるだけ授業時間を効率的に使いたいので、他の授業で出された課題をやりながら授業を聞くことはよくありました」**という学生がいました。

地頭の良さを感じる要素には、複数のことに同時に頭を使えることがあります。面接場面でそれを確認することはありませんが、地頭のキャパシティが大きく、いくつかのことを並列に処理ができる人であれば、面接でも地頭の良さを感じさせることは間違いありません。

授業も聞きつつ内容が理解できていることが前提ですが、授業を受けながら他の授業の課題やレポートを書くことは、授業時間を効率的に使いながら「地頭の良さ」を鍛えることに繋がります。

### 地頭を良くする勉強法4　先生の意図や思いを想像する

面接において地頭の良さを感じるポイントに「質問の意図をしっかり理解したうえで回答している」と感じる点があります。簡単な例では「大学時代に一番力を入れたことは何ですか？」と聞いた際に「サークル活動です」という回答だけをする人は地頭が良くないと感じます。質問には意図や思いがあります。「一番力を入れたことは？」と言葉では聞いていますが、質問の意図は「力を入れた活動名」を知りたいのではなく、その活動を通してどのような努力や経験をしたか、そこからわかる長所を教えて欲しいのです。

つまり、「質問している言葉」と「その質問を通して本当に知りたいこと」は微妙に違う場合がよくあるということです。そのような際に「質問している言葉」を理解しつつも、「本当に知りたいこと」について回答してくれる人は地頭が良いと感じるものです。

「言っている言葉」と「言いたい思い・意図」は必ずしも一致していないということは、日頃の活動やビジネスにおいては日常茶飯事の感覚です。それは相手に気遣って婉曲的な表現をする場合もあれば、相手が気づくかどうかを皮肉的な表現で話す場合もあります。また実は話している本人が、自分の本当に伝えたいことがよくわからずに話している場合も数多く見受けられます。つまり「言っている言葉」と「言いたい思い・意図」は必ずしも一致していないということは、現実社会で日常的に起こっています。そのような際に「話している言葉」だけではなく、話している人の背景や、話の流れ、話し方などから「言いたい思い・意図」を察知して会話できる人は地頭が良いと感じるのです。

地頭の良さを感じた学生に授業中に何を考えていたのかを聞いたところ、次のような発言が多数ありました。

**「テストに出そうなポイントがわかっているほうが効率的に時間を使えますよね。そのために授業では『教授の意図』を意識して授業を受けるようにしています」**

**「レポートやテストに出そうなところはどこかを考えながら授業は受けていました」**

**「授業に出ている目的は、先生の意図を理解するためです。それによってテスト対策も他の人よりも効率的にできます」**


授業を聞き理解するだけでなく、テストやレポート対策のために先生の話しぶりから意図や思いを想像し、理解しようとしています。「先生が話していること」を聞きながらも、「先生の主張はどのあたりかな?」「なぜ、急にこの話を始めたのか?」などを考えることは、「話している内容を理解する」ということと「先生の意図や思いを話している言葉から読み取る」という行為を同時にしていることになります。これらの行動が、言葉にしていることだけでなく、その言葉の背景や意図や感情を読む力を高めているようです。

## 授業後の先生への質問にこだわる

授業後に先生に質問するという行為を通して、授業中に深く広く考える力・俯瞰する力を身につける方法です。GPA上位者の中には**「先生に積極的な姿勢を見せ、顔と名前を覚えてもらうことで良い成績をつけてもらいやすくなるのではないかと考え、質問もするようにしました」**という学生もいました。質問することで、結果的に先生の記憶にも残るので、良い評価をつけてもらうことにもつながるかもしれません。

ここで着目していただきたいポイントは、わからないことを質問するのでは「地頭を良くする」という観点からは意味がないということです。「授業内容の理解＋『考える』」で説明したような、授業を聞きながら考えた内容を先生に確認する質問である必要があります。あるいは授業の内容を理解しつつ、「〇〇というような違う解釈はできないのか」などの質問をすることです。いうなれば質問をするというより、授業中に考えたことに対して先生に確認していると考えるほうが近いと思います。

先生に確認するためには、短い時間で説明する必要があります。また何がポイントなのかがわかりづらいと答えにくいものです。なので「授業の内容理解」、「それから派生的に考えたこと」に加えて「自分の頭にあることを言葉で明確に伝える」ということになり、地頭を鍛える行動としては相当なものだといえます。

### 地頭を良くする勉強法6　論述試験の評価にこだわる

面接ではすべてを会話で表現します。本当は思考力が高く洞察力もある人であっても、話し方がうまくない人は地頭が良いとわかってもらえません。おそらく理系の人はそのような傾向があります。それは文章ではなく、数式や実験結果データや図表等を使って説明する場合が多いからです。つまり、指し示す資料が説明の中心であり、口頭での説明はその補足でしかないので、それが苦手でも、数式や実験結果が秀でていれば思考力の高さや洞察力の深さを納得してもらえるのです。

しかし、面接ではそうはいきません。すべては口頭で説明するので、言葉の選定の正しさや文章の組み立て方などで、わかりやすさや納得感が変わります。その結果としてわかりやすく納得できる話し方ができる人を「地頭が良い」と感じるのです。「地頭が良い」と面談を通して感じた人の多くは、得意な試験の種類は論述やレポートでした。つまり自分が伝えたいことを、わかりやすく文章にすることが得意なのです。また単にわかりやすく書けるだけではなく、難しい内容を読みやすくできる力や論理的で納得しやすい文章構成力が必要です。

また良い評価を取るためにはテーマや視点も重要です。**「レポートは、他の人がスマホで調べる程度なのを、私は必要なら図書館で本を借りたりして、レベルの違うものを書いていたのが、評価を高めた理由だと思う」**というような努力をしている人もたくさんいました。このような他の人とは違う視点やテーマを見出す努力を通じて、幅広く見る力や関係性を深く洞察する力も身につくと思われます。

## 地頭を良くする勉強法7　ディスカッションにこだわる

ディスカッションやディベートは地頭を鍛えるには絶好の機会です。それは地頭が良いと感じる重要な要素に、「瞬発的な論理的思考力と口頭での表現力」があるからです。つまり、短時間で納得できる回答を考えることができて、それをさっと言えることです。ゼミやサークル等での会議やミーティングでも、「なるほど！」と納得できる意見を他の人よりも早く考えて発言している人のことを「賢い」と感じているはずです。

同じような状況であるディスカッションやディベートは、そのような「瞬発的な論理的思考力と口頭での表現力」を鍛えるには最適の場面です。

当然、面接はディスカッションではありません。必ずしも、早く回答する必要はなく、それ以上に、深く幅広く考えられているか？　こちらの知りたいことを理解しているか？が重要です。しかし同じような回答の場合には、スピードの速さからも地頭の良さを感じてしまうものです。

ディスカッションやディベートを採用選考に利用している企業もあります。ディスカッションやディベートにこだわることで地頭を鍛えるのも良い方法だと思います。

辻　太一朗

## 第7章まとめ

- 学業に力を入れても就活には有効ではないと思われがちだが、少しの工夫をすれば学業での行動や成果を就活に有効に活用できる方法がある。
- 就活のエントリーシートや面接において有効に利用できるようになるに

は、学業での行動において「意図」を持つことが重要。

- すべての企業が面接で着目する「地頭の良さ」も学業で鍛えることができる。インタビューで地頭の良いと感じられる学生は、授業時間の中で自然に鍛えていた。
- 大学・授業・先生を活用しまくることが就活成功の近道である!

# 第8章 GPAは採用選考で活用すべき（辻・曽和対談）

本書の最後である第8章では、筆者である辻と曽和が今回のインタビューを通じて感じたことや、本書を通して読者の皆さんにお伝えしてきたことを対談形式でまとめています。

## 通常の面接ではGPA上位者の良さを発見できない

**辻**：まず今回のインタビューを通じて思ったことですが、もし自分がふつうに企業の面接官として面接をしていても、GPAが高い学生の良さをおそらく軽視していたと思いますね……。

たとえば早稲田の体育会ラグビー部のキャプテンをしていた学生がいたとして、そういった情報を伏せて面接をしてみると、パッと見て「ふつうだな」と思ったとします。でも、この学生が、実は日本一になるくらいの強豪チームの中でキャプテンという重要な役割を任されていたという〝事実〟がわかったら、今度はその事実をもとに、「どうしてキャプテンになれたのか?」を深掘りしていって、「ああ、そうか。彼が周囲からキャプテンに任命されるくらい信頼されているのはこういうことなのか」と理解していきます。

このように、面接中の様子や雰囲気などからではなく、その学生に関する事実を集め、その事実のレベル感がすごければ、「そこにはなにか資質があるのではないか?」と考えて、細かく聞いていくこと、これがやはり大事なんだと思います。これまでたとえば体育会の経験は気になっても、GPAなんてあまり気にしていなかったんですよね。

**曽和**：たしかにGPAのことは今まで気にしていなかったですね。私たち面接官にとっては、GPAという今までマイナースポーツだったものが、知らない間にメジャースポーツになってきたというイメージかもしれないですね。

## 企業が優秀な人を見逃す理由

**辻**：はい。面接官としては、事実というものをもっと大事にしないといけないなと思いました。面接官って自分の感覚をすごく大切にしていて、他のふつうの人と同じように、自分が持っている固定観念がありますよね。特に面接に慣れれば慣れるほど自分の過去の経験なども踏まえて、「ああ、多分、こういう人はこうだろうな」と、どうしてもステレオタイプで見てしまう傾向が出てきてしまうと思うんです。

それはなぜかというと、面接官は、自分が不合格にした人がその後どうなったのかがわからないので、自分の面接での判断が間違っていたのか否かがわからないからです。そうすると、自分の面接判断は正しかったと思い込んでしまい、それが長年積み重なっていくことで、またステレオタイプが強化されてしまうんですね。

たとえば、早稲田の学生でGPAが100人中5位に入っている人がいた時に、これまでの固定観念では「ただ真面目だからなのかな」と思ってしまいがちだけども、「ちょっと待てよ。本当に真面目なだけなのか？ 真面目なだけで上位5％に入れるんだろうか？」と考えて、「なぜ上位5％に入れたのか？ 本当に君と同じことをやったら上位5％に入れるのか？」「そもそもどんなテストなのか？」「レポートはどんなところで成績の差がつくと思うか？」などを確認するようにします。

ようするに、上位5％という客観的に見てもすごい事実を念頭に置いて、その上位5％という事実が一体何なのか、というのを探りにいくんです。それをして初めて、「ああ、この子は雰囲気がふわっとしていて頭がめちゃくちゃ切れるわけではないが、一度決めたら徹底してやる能力が誰よりも高い」など、その子の上位5％に入った本当の理由がわかるんです。もちろん、それが直接合格＝採用に結びつくわけではありませんが、事実がわかったら、その事実がなぜ起きているのか、ということに面接官が真摯に向き合うと、何か見えてくるものがあると思います。

その事実がないと、見えるものも見えなくなってしまう。その意味では、今まで体育会系だけは事実が確認しやすかったんですね。たとえば体育会でキャプテンをやっていたなどはすごさがわかりやすい事実だから「なぜキャプテンに選ばれたんだろう？」と考えて、そこから学生の資質を深掘りしていけますよね。しかし、GPA上位5%の学生の良さというのは、私がふつうに面接をしていたとしても、おそらくわからなかったな、という感覚がありますね。

## 今の学生と自分の大学時代を比較する人事のおかしさ

**曽和**：クラブやサークルの活動では面接官自身も昔自分が学生時代に成績を上げようと頑張っていた経験があるから、学生の話を聞いてもイメージがしやすいですよね。ですがGPAを始めとする学業については、面接官は当時全然気にしていなかった（気にしなくてよかった）と思います。でも、今は違います。今の学生は学業において私たち面接官には経験がないことを経験しているわけなので、GPAが高いという事実に対して真摯に向き合い、想像力を目いっぱい働かせてみないと、GPA上位5%の本当の意味、すごさはわからないと思います。そのためにも今回のインタビューで学生に聞いていったように深く細かく聞かなければいけない。むしろ、この細かくしつこく聞く、というのは面接官も「ガクチカ」においてはすでにやっていることですが、こと学業の場合はさらっと聞きすぎているように思います。また、なんにせよ、昔と比べてまずGPAの価値というものが今は大きく変わったということを根底から理解する必要があります。

**辻**：実は、今回インタビューした学生たちは、どうしてもGPAを高めたい、という意識が強くあったわけではなかったんです。むしろ今の大学では学業に関わる時間が増えてきたから、その時間を無駄にしたくない、どうせやるならそれなりの成果を残さないと何をやってきたのかわからない、という思いで学業に励んでいた学生が多かったんです。

ただ単にGPAを高めたい、という目的よりは、学業にかける時間が生活の中で必然的に増えてきたから、そこにもそれなりに価値を置いておきたいと思っていた、ということかもしれません。

**曽和**：GPAを高めることを前面に押し出していた学生は少なかったですが、奨学金のためにちょっと高めよう、どうせやるならちょっと高めようと言っている学生は多かった印象です。

でも、「ちょっと」と言っていますが、彼らは総じて当たり前水準（どれくらい努力したら自分が頑張ったと言えるのかという水準）が高い学生だったように思います。当たり前水準が高い人というのは自分の成果をさらっといいます。なので「別にGPA高めようとか、そんなに思ってなくてちょっと頑張ったくらいです」と言っていても、ふつうの人からするとその「ちょっと」がすごい力量だったということかもしれません。

だからこそ、彼らの当たり前水準のまま、GPAを高めるためにそんなに頑張ったわけではない、と言われてて鵜呑みにしてしまうと、そこで話が終わってしまう可能性がありますね。面接では言っていることではなく、やっていることを聞かなければわからない。事実が大事というのはこういう面でもいえると思います。

## すべてを本人の口頭説明、伝聞のみで判断する面接のこわさ

**辻**：今までの面接の中での事実というのは、「ぼくは、これは頑張ったと思う」「ぼくは、これはすごいことだと思う」などのように本人認識の事実でしたよね。本人の認識の中で、すごい、すごくない、を決めていました。

彼らにとって、学業においてたとえば小さいころから地道に努力するのを当たり前のこととしていた場合は、本人の認識の中ではすごいことだと思っていないし、そもそも課外活動と比較すると、学業のことは就活であまり振り返らない。だからまったく本人もすご

いことだと思っていないし、面接官もすごいことだと気づかないんですね。つまり、面接では伝聞の事実ではなく、客観の事実を見るべきだと思います。

**曽和**：はい。本来、「ガクチカ」よりも事実中の事実である「成績」というものがありながら、「ガクチカ」などの本人のフィルターを通した事実で評価していることが今のズレを起こしているのかもしれません。第5章ではそういった成績上位者の学生を見逃しているのではないかということについて書き、第6章では逆にGPAが低い人には注意が必要だということについて書かせていただきました。ファクト（事実）から人を評価するというのが面接の絶対中の絶対だと思いますが、その原則から当てはめても、やはりGPAが高い人はもっと評価されてもよいと思います。

## 面接官は事実を真摯に受け止めて、そこから探る

**辻**：より細かくいえば、GPAの高さ自体を評価するというよりも、「GPAが高い」という事実を受け止めて、そこに彼らの資質として何があるのかを真摯にたしかめようとする姿勢が必要だと思います。この学生がこの大学で上位何%、下位何%に入っているとい

う事実をもとに、「それはなぜなんだろう？」ということをたしかめるということです。

**曽和**：たとえば、体育会のバスケットボール部で、国体で主将として優勝したというエピソードを「ガクチカ」で話した学生がいたとして、その学生が仮に身長2mだったら、面接ではあまり評価されないですよね。それは国体で優勝できた理由が、シンプルに身長2mもあったからだよね、ということであり、そこからはビジネスで活かせる資質が確認できないからです。

GPAも同じで、GPAが高い理由が、ただ単に頭が良いだけということであればビジネス的に評価されることはないですよね。

## ベテラン面接官ほど固定観念で判断してしまう

**辻**：やはり面接官は経験を積めば積むほど、また自分で面接が得意だと思っている人ほど、事実という以上に、面接で感じた〝事実と思いやすいこと〟によって判断している傾向があるように思います。再度、「この学生は全日本クラスでキャプテンをしている」「この学生は少なくとも学業においてこれだけのレベルにいる」という事実から、資質を確かめましょうということが大切ですね。

**曽和**：しかもそれは、研究の世界でも実証されていて、面接の経験が長くなればなるほど、人に対する固定観念が強くなっていくというのがわかっているんです。偉くなればなるほど、人に対してのしつこさというか、事実まで遡って裏をとっていこうという、本来なら面接の基本中の基本であるべきものが、今までの経験に頼って、「この人はこういう人」となりがちです。だから余計に、昔と異なる〝成績〟というものは私たちの固定観念をかなり変えないといけないものの一つであり、学業に関する評価という事実をもう一度初心に返って真摯に受け止めないと、ベテランの面接官ほどおそらく学業に対して正しい評価を行えないと思います。

**辻**：でも不思議に思うのが、たとえば企業のマーケティング担当者は、偉い人でも「最近の購買層は何を考えているのか」、など最新の動向を踏まえて判断するのに、人事だけはいつまでも今までの経験から「俺はこう思う」になる。それはなぜでしょうか？

**曽和**：それはおそらく、次のようなことがいえるのではないでしょうか。マーケティングは結果として「売れる、売れない」が出てしまうので、次の自分の行動を修正することができます。一方、人事は結果が見えないので、結局良かったのか否かがわからない。だから行動を修正できないのだと思います。採用ターゲットが間違っていても人数は採れるし、採ったら採ったできちんと育てて周囲がどうにかその採用を成功させようとするので、採用の成果というのは結局うやむやになってしまいがちです。そして面接で不合格とした人の中にめちゃくちゃ良い人がいたとしても、それもわからないんですよね。

しかも、コミュニケーション能力が高い人ほど面接が下手だという傾向もあります。ここでのコミュニケーション能力とは、いちばんよく使われる意味では阿吽《あうん》の呼吸や空気を読む力が高い人のことです。そういう人が会社の中では出世しますが、面接では逆に働いてしまうんです。というのも、そういったコミュニケーション能力とは、ある意味相手が言っていないことを勝手に想像で埋めてしまう能力だからです。

つまり面接というのは、かなり特殊なコミュニケーションの場であって、普段のコミュニケーションでは嫌がられるような特質やスキルが発揮されないといけない場なんです。

## 面接はコミュ力に過剰に影響されている

**辻**：今回インタビューをしていて気づいたのが、企業は現状、コミュニケーション能力しか測っていないのではないか、ということです。同じGPA上位5%の学生でも、GPAだけでなくコミュニケーション能力も高い学生は選考が通っていて、そうでない学生は落ちてしまっていました。しかもそこでは、コミュニケーションの深さや論理性ではなく、瞬発的な対応ができることと、良い感じで話せるコミュニケーション能力の方が評価されているように思いました。

**曽和**：そうですね……。そういったコミュニケーション能力が大事な仕事もあれば、そうではなく一言一句をたしかめて間違えないようにコミュニケーションを取っていく能力が必要な仕事もあるはずです。それなのに、面接となると、どんな仕事の面接であっても、前者のような、ざっくりと理解するコミュニケーション能力が評価されてしまっているわけですね。

**辻**：はい。今回は合否を決める採用面接ではなく、「GPA上位5%の人って一体どんな人だろう」という目的で見ていったので、面接官として経験が長い私自身でも見えていないことが結構たくさんあるな、と気づかされました。それはなぜかというと自分の感覚や経験をすごく大事にして、事実というものをある意味おざなりにしていたからだと思います。総じて日本の面接官は少し自信を持ちすぎかなと思います（笑）。

**曽和**：それは、今回「GPA上位5％って一体どんな人だろう」という興味関心を強く持って接したからかもしれません。いちばん根っこにあるのは目の前の学生に本当に興味関心を持てるかどうか、ということなのではないでしょうか。本当の意味で興味関心があれば、「この人はこういう人だ」というラベリングをして表面的に理解するのではなく、本来人が持つ複雑性も含めて、その人がどういう人なのかをもっと知ろうとし、そのためにしつこく、深く、細かく聞いていきます。そういうレベルでいったら残念ながら、現状、そこまで興味関心を持てていない面接官が多いと思います。

**辻**：そうですね、たしかにしつこく、細かく聞くという面接スキルを身につけるのも大事ですが、それだけでは結局相手の言っていること（本人認識の事実）しか聞けないですよね。そういったヒアリング力を高めるのはもちろん前提ですが、今後は面接官が今の大学の状況・環境をきちんと理解していることや、そこで一番長く時間を過ごした学業などの客観的事実をもっと大事にしていく、という姿勢が必要だと思います。

## 「ガクチカ」は昭和・平成の質問であり、令和に合わない

**辻**：今回の学生たちに就活の指導をする中で、皆が異口同音に言っていたのは、学生時代頑張ったこと、つまり「ガクチカ」は一つに絞らないといけないということ、それからエピソードもきちんと詳細まで話さないといけないということでした。

昔は大学の授業に出ていなくても、たとえばアルバイトだけを週5日することもできました。そういう状態であれば、「学生時代に力を入れてきたことはアルバイトです」と言い切れます。つまりその人が学生生活のどこに力を入れるのかが個人の自由にできる時代だったんです。そんな時代において、その学生の全体像を確かめるために「ガクチカ」という質問が生まれ、当時は実際にいちばん有効な質問方法でした。

そして、その慣例が脈々と続いていくうちに、学生側も手法としてできるだけ「ガクチカ」に適応しようとしてきました。一方で、今はどこか一つに力を集中できる学生などい

ないわけです。学生もいろいろバランスを考えないといけない状況に変わってきているのにもかかわらず、その質問だけが残ってしまっています。そして、この「ガクチカ」に対してどう答えれば良いかなどキャリアセンターの指導内容も確立・固定化してしまってきている状況だと思います。こういった状況を踏まえると、そもそも「ガクチカ」は令和には向かない質問なのではと思いますね。

**曽和**：昔リクルートでは、学生生活でそれぞれの活動に何%くらい力を入れたか、合計100%になるよう割合で出してもらってから面接をしていた時期がありましたね。そのイメージでいうと、当時は「クラブ90%、学業は10%」と書いてくる学生もけっこういましたが、今は学業もサークルもアルバイトも均等になっている学生が多いのではないでしょうか。

## 「ガクチカ」は1つではない

**辻**：「ガクチカ」において、多くのキャリアセンターでは「一つに絞ったほうがわかりやすい」と学生に指導をしているようです。実は、企業はそこまで意図していないのですけどね。企業側としては話してもらう「ガクチカ」は1つでも2つでも良いし、3つあったらそれでも良いと思っているのですが、指導側から1つを選べと言われていたりします。このように、今や「ガクチカ」は大学や学生の変化を無視した質問でもあるし、しかも当初の企業の意図や思いと実態がズレてもいるので、もう今の時代には合わない古いものであると思います。

**曽和**：しかも、力を入れたことを1つ選ぶ時というのは、たいていの場合、好きで自分から進んでやってきたことを挙げることが多いと思います。ですが、学業の成績などから垣間見えるのはどちらかというと、好きで自分からやっていることよりも、やらないといけないことに対してどれくらいできるか、という能力のほうです。この力は普段、私が人事コンサルティングで企業のハイパフォーマー（高業績社員）の特徴を調べると共通して出てくる能力でもあるんです。

ハイパフォーマーには、やらないといけないことでも楽しめる、という人が多いんです。

そういう意味でも、実は「ガクチカ」はまずいと思います。「ガクチカ」を話させたら、たいていの場合、好きなことを頑張った話になるので……。そうではなくて、やらねばならなかった義務をどれくらいできるかを聞かないといけないはずなのに、そういう話は一切出てこないのです。
挙げ句の果てには、「私はディズニーランドが好きで、年パスを持って年100回行っています」といったガクチカが出てきます。それでは、「ああ、ディズニーランドが好きなんだな」とわかるだけで仕事ができるかどうかはまったくわからないですよね。これは極端な例ですが、このように「ガクチカ」はそもそも好きなことが出てきやすい、という性質もあるし、今のような一つのことだけでなく、もっといろいろなことを並行してやらなければならないという状況にもそぐわないものとなっています。だからこそ、「ガクチカ」で一つの話だけを選んでもらうのではなく、まず学生時代にどのような活動にそれぞれどれくらい時間をかけたかというのを全体的に聞いてから、その中で本当に深堀りすべきものを選んで聞いていかないと、その学生を本当に理解するための適切な情報はとれないと思います。

**行くべき大学、行ってもあまり意味がない大学がある**

**辻**：今回インタビューで大学の話を聞いていきましたが、率直に言って、学生に行かせたい大学とそうではない大学が分かれると思いました。

大学としては教育として彼らの力を伸ばさないといけないわけですが、伸ばそうとしている大学もあれば、していない大学もあります。実際、コロナ禍になって授業が楽になった、という大学もあれば、むしろ以前より厳しくなったという大学もありました。

インタビューでは「君のような努力をふつうにしていたら全員がこの成績になれるのか？」と聞いていましたが、「なれます」と言っていた学生がいる大学も実はけっこうあったんです。ようするに、みんなが同じように真面目に先生の話をメモして、覚えてさえいれば特に工夫せずともテストはほぼ満点に近くなる、という大学学部もあるということですよね。

ですが一方では、たしかにそれぐらいやればAぐらいは取れるけども、最高評価のS評価だけは違います、という大学もあったんです。

またレポートでも、内容できちんと評価して、S評価を取れるのは上位何%しかいないという大学もありました。そういう大学ではレポートでS評価を取ろうと思って真剣にやると、論理的な思考や言いたいことを整理する力などが身につきます。ところがそうではなく、ただ文字数をたくさん書けばS評価をとれるという大学ではそういった能力は身につかないですよね。
昔はたしかにそういった成績のつけ方が多かったのですが、今は文科省から「成績評価基準も厳格化しろ」、「出欠もちゃんとつけろ」、とされているのに、それをきちんと守っていない大学もあり、中には評価も昔のように文字数さえあれば良いという大学もあります。

**時代に合わせた大学、旧態依然のままの大学**

**辻**：つまり、時代に合わせてどんどん良くしていっている大学はたしかにあるのです。その一方で、20年前の授業の仕方から全然変わっておらず、見た目だけ、表面だけ合わせているような大学もあるのが現状です。
たとえば法学部の成績評価方法は、全体的に論述がほとんどだと思いますが、もともと司法試験を受ける人がたくさんいるため判例をもとに記述するという内容がベースになっています。そうすると判例をどれくらい知っていて、その案件にどう当てはめていくかが重要になってくるため、そもそも法学部は論述でS評価を取るのがかなり難しいと思います。
**曽和**：私がいた教育学部では答えがなく、意見を述べさせることの多い論述試験が多く、どうやってS~C評価をつけるのかと不思議に思っていました。やはり学問によって採点の難易度も全然違うと思います。

**辻**：そうです。教育学部や法学部のように、答えのない世界の中で、レポートや論述をきちんと評価しているところもあります。逆に答えがないから、もう文字数を埋めれば何でも良いよといっている大学もあります。それはいわば、本来評価をきちんとできるはずの先生が、それをしていないということです。

またこのことに関連して、どこの大学でもゼミの成績が全員高いということが多いです。これも本来であればあり得ないことですよね。比較的少人数のゼミの中できちんとディスカッションしたら、少なくとも一人ひとりの学生の理解レベルが高いかどうかはすぐわかるはずだからです。でも、多くのゼミでは全員にS評価をつけています。私は10年前、とある先生に「なぜ全員S評価をつけるのか」と聞いてみたら、「目の前でみんなが頑張っているのに、それぞれ違う評価をつけたら嫌われるから」と本音を語っていました。もちろん理屈としては、少人数だから評価を分散できないということですが、本音では結局評価したくない、ということだけだと思います。しかし、たとえばゼミだけでもちゃんと評価されて、そこでS評価を取るためにレポートやテストをきちんとやれば、少なくとも面接でわかるレベルの知的能力だったら、すぐに鍛えられると思うのです。

## 面接で把握できるレベルの知的能力、地頭

**辻**：面接でわかる知的能力とは、質問に対してある程度深く考えることができ、すぐに回答できるといった能力や、ある程度幅がある選択肢の中から優先順位をつけて論理的に選択できるといった能力のことです。実際、面接では、そのぐらいの知的能力しか測れていないんです。

**曽和**：面接で知能を測るのは難しい、ということは研究でもわかっているので、実際その通りだと思います。

**辻**：そもそも地頭という言葉がはっきりした意味を持っているわけではないですが、よく面接で「この人、地頭がいいな」と感じるのは、いわゆるそういった知的能力を指していると思います。とすると、大学でのレポートや論述、ゼミでのディスカッションにきちんと取り

組み、しかもそれを学校がきちんと評価していたら、この地頭というのは絶対高まると思うんです。

実際、私も40歳で会社を辞めて本を書き出してから明確に話がわかりやすくなったと言われます。

**曽和**：それはやはり本を書くことで自分の言いたいことを整理するからですよね。

**辻**：そうです。それと同じように、レポートや論述、ディスカッションで言いたいことを整理するのを反復的に行っていったら、面接で面接官が見ているレベルの地頭は確実に伸びていくはずです。

あと、今回のインタビューで特に賢いなと思った学生が、大学の授業を普段どんな風に受けていたかというと、ただ漫然と受けるのではなく、他のことを想像しながら受けていました。たとえば、「この先生の授業はどんな傾向があるのだろうか」、「これ大事なポイントかな」などです。あと、その授業で学ぶことはその時間中に全部理解してしまおうとしています。ただ、その学生たちが昔からこんな風に賢かったのかと聞くと、そんなことないと答えるんです。ということは、大学生活を通してその能力が伸びているということです。こうした日ごろの反復を行っていて、成績という形で理解力をきちんと評価されているのであれば能力は伸びます。そういう大学はぜひ行かせたいし、応援したいと思いますね。

**曽和**：ただそれは入学する前にはわかりにくいです。文科省が大学に定める一律ルールとしてカリキュラムやシラバスを厳格に設定しないといけないわけだから、建前的にはどの大学も皆それをやっていますす、といいます。でも実態を聞いてみるとそうでない大学もあって、なかなか外からわかりにくいというのが実態だと思います。

より正確にいうと、今学校レベルで全部良いとか全部悪いというのはおそらくまだないと思うのです。科目（担当教官）によっても評価の仕方が異なるわけなので。

だからこそ、どんな授業を履修するかが、自分の能力を高めるためにも重要であると思います。「楽単」といって楽勝で単位が取れる授業だけではなく、本当に自分の能力を伸ばしてもらえるか、という情報を得なければいけないと思います。

多くの学生が就職活動の基準で一番大切にしていることは「いかに自分を成長させてくれる会社か」ということです。それならば学業でも、自分を一番成長させてもらえる科目はどれかというように考えた方が良いと思うのですが……。むしろ本来であれば大学が成長する場であって、社会人は逆に成長よりも選抜の世界に段々入っていくことになります。大学まではまだ育成の論理でやってもらえるわけなのに、なぜかそこがちぐはぐになってしまっているようですね。

**辻**：そもそもキャリアにおいて人が伸びるというのは、何らかの次の段階を目指して成長するという意味ですが、就職という次の段階を考えている人にとって、サークルなどの課外活動は良い就職先に行くために必要なことを伸ばしてもらえる場だと考えられているのだと思います。逆に、学業はそういった力を伸ばしてもらえるとは思われていないんですね。たとえば大学に入った瞬間に、サークルの新入生勧誘で「勉強は単位さえ取れれば良いよ。うちのサークルに入ったほうが、先輩もたくさんいて、就職にも有利だよ」と言われるようにです。

だから良い授業というのは、評価をきちんとしていて、S評価は全員ではなく上位何%しか取れないということ。そういった授業でS評価を取ろうと努力して身につけた力は、就職という目的に対しても有効なのだと知ってもらいたいです。

**曽和**：今の大学の状況であれば、学業をうまく使えば自分の能力、特に知的能力を伸ばすことができます。しかし、辻さんがおっしゃる通り、学生も残念ながら現時点ではそういった認識はないと思いますね。

企業側も学業での取り組みをあまり評価していないし、学生側も授業であまり力が伸びると思っていない。だから今の状況というのは、全員共犯関係みたいなものかもしれませんね（笑）。

**辻**：だからこそ、今回この本では、「それは間違いです」、ときっぱり言いたいんです。ようするに、良い授業、つまりきちんと評価がされている授業であれば受けた方が良いし、授業を受けるにしても、何らかの意図や目的を持って取り組んでいくことがそのまま就職に使えるということです。

## 「何を教えるか」と「その結果がどうだったか」はセットであるべき

**辻**：もっというと、授業の評価をきちんとしている大学もあれば、していない大学もあるんです。学部単位でもそうだし、先生単位でもそうです。中には学部内で評価をきちんと行うように先生へ指導しているところもあります。たとえば一橋大学は、全体の25％しか最高評価をつけてはならないとし、厳格に適用しています。仮に100人中26人S評価をつけた先生がいたとしたら、すぐに事務局から連絡があり、「先生1人多いです。1人評価を下げてください」と、そこまで徹底しているくらいです。だから、先生だけではなく、学部や大学単位の考え方もかなり影響していると思うんです。そういった考えを早くに取り入れている大学と、遅い大学が分かれており、その差が非常に大きいのが現状だと思います。

**曽和**：その差はどこから生まれているかというと、文科省が定めた大学ルールに対してその大学の理事会や学長がどれくらい真摯に向き合うか、とりあえず形だけ合わせるのか、といった違いなのかもしれません。

### 評価を真剣に考えるようになる相対評価

**辻**：はい。たとえばこれが企業であったら、リクルートも昔は評価を相対化せずに、ある程度絶対評価で良いよ、というようにしていました。それを途中で、絶対に相対化してください、という話になったんですよね。その時はじめにどんな問題が起こったかというと、「いやうちの課は5人しかいないから、5人全員頑張ってたら、相対化は無理だろう」という声が出てきました。それに対して人事は「それでも相対化してください。誰かを上げたかったら誰かを下げてください」と言い切りました。だからこそ、この人にどう評価をつけるか、を本気で考えて、良い評価をつけた人にはどうフィードバックし、逆に悪い評価がついた人にはどうフィードバックするかといった評価の真剣度がすごく増したんです。このように評価のアマカラ（甘辛）をきちんとつけるのであれば、つけた本人に納得してもらうために、どう評価すれば良いか、どうフィードバックすれば良いのかを考えるようになります。

それなのに、今の大学のゼミでは評価もしないからフィードバックもしない。教育において評価とフィードバックは一対です。ゼミは特に他の授業よりも少人数で学生一人ひとりをよく見ているはずです。仮にゼミの授業は必ず相対評価するように、としたら、学生も先生も本気で真剣になって取り組み、企業もゼミの評価が高い学生は優秀だと考えるようになるのですが……。そういった変化は、日本ではすぐにできないかもしれませんが、海外ではすでに当たり前になっています。

**曽和**：日本の場合は、昔の方が相対評価をしていたかもしれません。それが近年にかけて特に小~中学校では到達度評価、つまり絶対評価をするようになってきました。大学は、大学改革があって今は相対評価になってきていると思いますが、昔はどうだったのでしょうか？

**辻**：大学の場合、昔は評価方法など何も決まっていなかったし、評価をきちんと行う、ということ自体もなかったのではないでしょうか。

**曽和**：なるほど。何も決まっていなかったら、ふつうは皆にS評価をつけたくなるのが人情なので、絶対評価になりがちではないでしょうか。いわば相対評価の方が厳しいということです。

## 指導し、評価し、フィードバックすることは相即不離の関係

**辻**：はい。それでも、マネジメントにおいては、指導、評価、フィードバックは本来一体であるはずです。

一方で私は教育関連の人間ではないけども、今の教育というのは何を指導するかという部分と、教えた結果の評価やフィードバックという部分が離れてしまっているような印象を受けています。つまり「こういうことを教えるのが大事なのだ」ということと、「その到達度合いがどうか」ということの議論が一体になっている感じがしないんです。本来、これらは一体になってしかるべきだと思います。

そして一体となった中で、絶対評価が良いのか相対評価が良いのかは次の論点として議論の余地があると思います。たとえば個人的には小学生、中学生くらいまでは絶対評価でも良いと思います。リクルートでも、入社3年目くらいまでは絶対評価で良くて、「きみ頑張ってるな。もうちょい頑張れよ」とだけ伝えられれば良いじゃないかと。3年目までの社会人にいきなり「きみは半分以下だ」なんて言わなくても良いと思うんです。それと同じように、初等教育から高等教育になるにつれ、実社会と同じように相対評価になってくるというので良いのではと思っています。

**曽和**：高等教育後、社会に出たら、基本は相対評価の世界なのだから、当然の流れとして相対評価になっていくべきだとは思います。学生も厳しく評価をつけられることが嫌だと思う人もいるでしょうが、本来は厳しく評価をつけられてフィードバックをきちんとしてもらうというのも学生の権利だと思います。

仕事でも結局同じで、頑張ったのにやりっぱなしで「まあいいんじゃない」とだけ言われていたら全然伸びないですよね。評価され、「もうちょっとこうした方が良い」とフィードバックされるから改善ができるわけなので、そこは学生も社会人も重要度は同じだと思います。

だからこそ、先生が皆一律にS評価をつけるというのは決して優しさではなく、むしろ目の前の学生をどうでも良いと思っていると捉えられてしまってもおかしくないですよね。本当に学生のことを思うのだったらきちんと評価してあげるべきかと。

**辻**：正直、きちんと評価していない先生は仕事を半分していないのと一緒だから、給料半分にしても良いくらいだと思います……(笑)。

**曽和**：マネージャーで部下の評価をしていないということは、仕事を半分しかしていないのと同じですからね。

## 最後に：就活において学業をどうアピールすべきか

**曽和**：今回、辻さんが発見されたのは、学生が就活において学業をどうアピールすれば良いか、ということでもあると思います。学生も、自分が学業でやってきたことを面接においてどういう能力としてどうアピールすれば良いかわかっていなかった。でも本書の中でその能力を読み解いたことで、「自分が学業で頑張ったことにはこういう能力を発揮する必要があったんだ」もしくは「学業での頑張りを通してこういう能力を鍛えられたんだ」と理解することができると思います。

この本は、学業で何らかの工夫をして一生懸命取り組んできた人が、採用面接でそれをどうアピールするかについても書かれていますね。

**辻**：そうです。第7章でも細かく書いていますが、学業の話を就活で使う時に大事なのは、まず意図を明確にすることです。たとえば、「こういう意図でこういう授業を取りました」ということを明確にして伝えるんです。

そして「ガクチカ」は1つに絞らず、2つ以上言ったら良いと思います。たとえば「私は大学生活を充実させることに一番力を入れました。そのために課外活動と学業両方を頑張ったんです」と話すことで、その人の多面的な良さを伝えることができます。自己ＰＲでも、「私の長所はリーダーシップです。ただし、このリーダーシップを発揮できたのは、地道に努力してきた姿をクラブのメンバーが見てくれていたからだと思います。というのも学業でも地道に努力して、具体的には……でした」というように学業のことも話せるはずです。

そもそも学業の話はすごく説明が少なくて済むのも良いところです。たとえば、「留学したかったのですが、留学に必要なＧＰＡは3以上だったので、努力し、結果として実際にはＧＰＡ３・5を取りました」と言ったらそれだけで済みます。エントリーシートで言ったら１００文字以内で書けますよ（笑）。

最後に、面接で見られる程度の地頭は、学業、つまり授業の受け方やレポートの作り方、その他高成績を取るようにこだわって行動し続ければ絶対に伸ばせるということを伝えたいですね。

**曽和**：はい。今回のインタビューでわかったことを踏まえ、これからの新卒採用では面接官は学業についても真摯に聞くようにし、学生側も学業について積極的にアピールしていくというように、両者から現状を変えていかないといけないと思います。

対談まとめ：安藤　健

## おわりに

私の経験では、30歳以上の大卒社会人の大半の方が、いかに自分が勉強せずに卒業できたかを自慢するような言い方をされます。また「最近の大学生は真面目だね」と揶揄するような言い方をされます。つまり、大学時に真剣に勉強することは「ダサい」「イケてない」という感覚を強く持っている人が多いのだと思います。ところが、最近卒業したばかりの社会人から「GPAの高い人は格好いい人が多いと思う」という話を聞きました。出席の厳正化や授業の多様化・評価の厳正化によって、大きく変わった今の大学では、学業の考え方が大きく変わったのです。これが本書を書こうと思ったきっかけでした。

私自身、人事・採用の専門家を自負してきました。改めてGPA上位者を面談して、急激な大学の変化を感じると共に、上位者にも多様なタイプがいることを感じました。またGPAが上位5％に入る人にはそれなりの特性があることもわかりました。おそらく私自身も「学業頑張る＝イケてない」という誤解を持っていたことに気づかされました。それと共に、改めて学業を通して伸ばせる能力の多様さにも気づかされました。

本書をお読みいただいた学生の皆さんや親御さん・企業の人事の方・大学関係の皆さんが学業に力を入れることの必要性や有用性、そしてその結果としてのGPAに着目していただけると幸いです。

**辻　太一朗**

---

私が社会人になってからの約30年間で、さまざまな仕事がどんどん「知性化」していることを感じます。根性で飛び込み営業をしていたものが、いかに顧客側から商品にアプローチしてくれるかを考えるマーケティングへと変貌したり、経験と直感でやっていた人事のような仕事も、「ピープルアナリティクス」などと呼ばれる、あらゆるデータを駆使した

科学的なものになったりしてきています。

つまり、仕事と学業（≒科学）はどんどん近づいてきているのです。以前のように「学校の勉強なんて仕事には役に立たない」などということはまったくなく、学校の勉強をきちんとしていない人にはなんの仕事も任せられない時代になっています。私の仕事領域である人事においても、統計学や行動科学（心理学や組織論など）をまったく勉強してきていない人は、スタートラインにつくまでにすらかなり時間がかかってしまいます。営業でも、経理でも、企画でも、どんな仕事でも似たようなことがあるのではないでしょうか。

そんな中、大学教育の改革が行われて、学生が学業に身を入れるようになったこと自体はとても歓迎すべきことでしょう。お待たせしすぎたかもしれません。ただ、それなのに、企業の人事や経営者、学生の保護者、世間一般の方々がそのことをあまり知らない（少し前の私もそうでした）ことは、とてももったいないことでした。本書では実際の調査にもとづいて、ＧＰＡ上位者の特徴について述べてきましたが、それで学業やＧＰＡについて少しでも注目が集まり、重視されるような世の中になっていくのであれば、共著者としては望外の喜びです。

**曽和利光**

# インタビュー対象学生
# 84名のGPA一覧

| 学　生 | 学校名 | 学部名 | GPA | | |
|---|---|---|---|---|---|
| | | | 本　人 | 学　部<br>平　均 | 平　均<br>との差 |
| Aさん | 立命館大学 | 経済学部 | 3.4 | 2.3 | +1.1 |
| Bさん | 立命館大学 | 政策科学部 | 3.2 | 2.4 | +0.8 |
| Cさん | 立命館大学 | 経済学部 | 3.7 | 2.3 | +1.4 |
| Dさん | 立命館大学 | 政策科学部 | 3.4 | 2.4 | +1 |
| Eさん | 立教大学 | 社会学部 | 3.4 | 2.6 | +0.8 |
| Fさん | 立教大学 | 法学部 | 3.5 | 2.2 | +1.3 |
| Gさん | 立教大学 | 社会学部 | 3.2 | 2.6 | +0.6 |
| Hさん | 立教大学 | 社会学部 | 3.3 | 2.6 | +0.7 |
| Iさん | 立教大学 | 経営学部 | 3.6 | 2.8 | +0.8 |
| Jさん | 立教大学 | 経営学部 | 3.6 | 2.8 | +0.8 |
| Kさん | 明治大学 | 政治経済学部 | 3.5 | 2.6 | +0.9 |
| Lさん | 明治大学 | 商学部 | 3.2 | 2.4 | +0.8 |
| Mさん | 明治大学 | 経営学部 | 3.6 | 2.6 | +1 |
| Nさん | 明治大学 | 情報コミュニケーション学部 | 3.7 | 2.7 | +1 |
| Oさん | 明治大学 | 商学部 | 3.3 | 2.4 | +0.9 |
| Pさん | 明治大学 | 商学部 | 3.5 | 2.4 | +1.1 |
| Qさん | 明治大学 | 政治経済学部 | 3.8 | 2.6 | +1.2 |
| Rさん | 明治大学 | 経営学部 | 3.6 | 2.6 | +1 |
| Sさん | 明治大学 | 情報コミュニケーション学部 | 3.7 | 2.7 | +1 |
| Tさん | 同志社大学 | 経済学部 | 3.8 | 2.6 | +1.2 |
| Uさん | 同志社大学 | 政策学部 | 3.5 | 2.7 | +0.8 |
| Vさん | 同志社大学 | 文化情報学部 | 3.6 | 2.6 | +1 |
| Wさん | 同志社大学 | 政策学部 | 3.6 | 2.7 | +0.9 |
| Xさん | 同志社大学 | 法学部 | 3.8 | 2.7 | +1.1 |
| Yさん | 同志社大学 | 経済学部 | 3.8 | 2.6 | +1.2 |
| Zさん | 同志社大学 | 社会学部 | 3.8 | 2.7 | +1.1 |
| AAさん | 同志社大学 | 商学部 | 3.8 | 2.7 | +1.1 |
| ABさん | 早稲田大学 | 文化構想学部 | 3.8 | 2.6 | +1.2 |
| ACさん | 早稲田大学 | 商学部 | 3.6 | 2.4 | +1.2 |
| ADさん | 早稲田大学 | 法学部 | 3.4 | 2.4 | +1 |
| AEさん | 早稲田大学 | 文化構想学部 | 3.6 | 2.6 | +1 |
| AFさん | 早稲田大学 | 政治経済学部 | 3.4 | 2.4 | +1 |
| AGさん | 早稲田大学 | 政治経済学部 | 3.5 | 2.4 | +1.1 |

| 学　生 | 学校名 | 学部名 | GPA | | |
|---|---|---|---|---|---|
| | | | 本　人 | 学　部<br>平　均 | 平　均<br>との差 |
| AHさん | 早稲田大学 | 商学部 | 3.6 | 2.4 | +1.2 |
| AIさん | 早稲田大学 | 商学部 | 3.6 | 2.4 | +1.2 |
| AJさん | 早稲田大学 | 政治経済学部 | 3.7 | 2.4 | +1.3 |
| AKさん | 早稲田大学 | 商学部 | 3.8 | 2.4 | +1.4 |
| ALさん | 早稲田大学 | 社会科学部 | 3.5 | 2.5 | +1 |
| AMさん | 早稲田大学 | 商学部 | 3.7 | 2.4 | +1.3 |
| ANさん | 早稲田大学 | 政治経済学部 | 3.5 | 2.4 | +1.1 |
| AOさん | 早稲田大学 | 社会科学部 | 3.4 | 2.5 | +0.9 |
| APさん | 早稲田大学 | 法学部 | 3.5 | 2.4 | +1.1 |
| AQさん | 早稲田大学 | 社会科学部 | 3.4 | 2.5 | +0.9 |
| ARさん | 早稲田大学 | 社会科学部 | 3.5 | 2.5 | +1 |
| ASさん | 早稲田大学 | 社会科学部 | 3.9 | 2.5 | +1.4 |
| ATさん | 早稲田大学 | 文化構想学部 | 3.5 | 2.6 | +0.9 |
| AUさん | 早稲田大学 | 政治経済学部 | 3.3 | 2.4 | +0.9 |
| AVさん | 早稲田大学 | 商学部 | 3.4 | 2.4 | +1 |
| AWさん | 早稲田大学 | 商学部 | 3.6 | 2.4 | +1.2 |
| AXさん | 青山学院大学 | 経営学部 | 3.5 | 2.6 | +0.9 |
| AYさん | 青山学院大学 | 経営学部 | 3.5 | 2.6 | +0.9 |
| AZさん | 青山学院大学 | 国際政治経済学部 | 3.6 | 2.8 | +0.8 |
| BAさん | 青山学院大学 | 経済学部 | 3.6 | 2.5 | +1.1 |
| BBさん | 青山学院大学 | 経済学部 | 3.5 | 2.5 | +1 |
| BCさん | 青山学院大学 | 国際政治経済学部 | 3.6 | 2.8 | +0.8 |
| BDさん | 青山学院大学 | 国際政治経済学部 | 3.7 | 2.8 | +0.9 |
| BEさん | 青山学院大学 | 経済学部 | 3.4 | 2.5 | +0.9 |
| BFさん | 青山学院大学 | 国際政治経済学部 | 3.8 | 2.8 | +1 |
| BGさん | 青山学院大学 | 経済学部 | 3.5 | 2.5 | +1 |
| BHさん | 上智大学 | 経済学部 | 3.7 | 2.7 | +1 |
| BIさん | 慶應義塾大学 | 商学部 | 3.6 | 2.4 | +1.2 |
| BJさん | 慶應義塾大学 | 商学部 | 3.3 | 2.4 | +0.9 |
| BKさん | 慶應義塾大学 | 経済学部 | 3.6 | 2.3 | +1.3 |
| BLさん | 慶應義塾大学 | 経済学部 | 3.7 | 2.3 | +1.4 |
| BMさん | 慶應義塾大学 | 法学部 | 3.6 | 2.5 | +1.1 |
| BNさん | 慶應義塾大学 | 法学部 | 3.8 | 2.5 | +1.3 |

| 学　生 | 学校名 | 学部名 | GPA | | |
|---|---|---|---|---|---|
| | | | 本　人 | 学　部平　均 | 平　均との差 |
| BOさん | 慶應義塾大学 | 商学部 | 3.5 | 2.4 | +1.1 |
| BPさん | 慶應義塾大学 | 経済学部 | 3.8 | 2.3 | +1.5 |
| BQさん | 慶應義塾大学 | 総合政策学部 | 3.7 | 2.6 | +1.1 |
| BRさん | 慶應義塾大学 | 経済学部 | 3.4 | 2.3 | +1.1 |
| BSさん | 慶應義塾大学 | 法学部 | 3.5 | 2.5 | +1 |
| BTさん | 慶應義塾大学 | 環境情報学部 | 3.6 | 2.6 | +1 |
| BUさん | 慶應義塾大学 | 環境情報学部 | 3.8 | 2.6 | +1.2 |
| BVさん | 関西大学 | 商学部 | 3.7 | 2.5 | +1.2 |
| BWさん | 関西大学 | 政策創造学部 | 3.6 | 2.2 | +1.4 |
| BXさん | 関西大学 | 経済学部 | 3.6 | 2.4 | +1.2 |
| BYさん | 関西大学 | 社会学部 | 3.8 | 2.7 | +1.1 |
| BZさん | 関西大学 | 経済学部 | 3.5 | 2.4 | +1.1 |
| CAさん | 関西大学 | 商学部 | 3.3 | 2.5 | +0.8 |
| CBさん | 関西学院大学 | 総合政策学部 | 3.4 | 2.3 | +1.1 |
| CCさん | 関西学院大学 | 商学部 | 3.5 | 2.2 | +1.3 |
| CDさん | 関西学院大学 | 経済学部 | 3.5 | 2.3 | +1.2 |
| CEさん | 関西学院大学 | 経済学部 | 3.6 | 2.3 | +1.3 |
| CFさん | 関西学院大学 | 国際学部 | 3.6 | 2.9 | +0.7 |

※本書に記載されているGPAは、履修履歴データベースに登録されたデータから算出しています。また大学・学部のGPA平均等は履修履歴データベースに登録された2021年卒学生の登録データより独自に算出しています（2021年2月時点データ）。

# 日本《にほん》のGPA《ジーピーエー》トップ大学生《だいがくせい》たちはなぜ就活《しゅうかつ》で楽勝《らくしょう》できるのか？

二〇二一年九月二四日 第一刷発行

著者 辻《つじ》 太《た》一朗《いちろう》 曽和《そわ》利光《としみつ》



発行者 太田克史《おおたかつし》
編集担当 太田克史
編集副担当 池澤慧《いけざわけい》

アートディレクター 吉岡秀典《よしおかひでのり》（セプテンバーカウボーイ）
デザイナー 鯉沼恵一《こいぬまけいいち》（ピュープ）
フォントディレクター 紺野慎一《こんのしんいち》
校閲 鷗来堂《おうらいどう》

発行所 株式会社星海社
〒一一二-〇〇一三
東京都文京区音羽一-一七-一四 音羽YKビル四階
電話 〇三-六九〇二-一七三〇
FAX 〇三-六九〇二-一七三一
https://www.seikaisha.co.jp/

発売元 株式会社講談社
〒一一二-八〇〇一
東京都文京区音羽二-一二-二一
(販売) 〇三-五三九五-五八一七
(業務) 〇三-五三九五-三六一五

印刷所 凸版印刷株式会社
製本所 株式会社国宝社



ISBN978-4-06-525047-1
Printed in Japan

198
SEIKAISHA SHINSHO

次世代による次世代のための

# 武器としての教養
# 星海社新書

星海社新書は、困難な時代にあっても前向きに自分の人生を切り開いていこうとする次世代の人間に向けて、ここに創刊いたします。本の力を思いきり信じて、みなさんと一緒に新しい時代の新しい価値観を創っていきたい。若い力で、世界を変えていきたいのです。

本には、その力があります。読者であるあなたが、そこから何かを読み取り、それを自らの血肉にすることができれば、一冊の本の存在によって、あなたの人生は一瞬にして変わってしまうでしょう。思考が変われば行動が変わり、行動が変われば生き方が変わります。著者をはじめ、本作りに関わる多くの人の想いがそのまま形となった、文化的遺伝子としての本には、大げさではなく、それだけの力が宿っていると思うのです。

沈下していく地盤の上で、他のみんなと一緒に身動きが取れないまま、大きな穴へと落ちていくのか？　それとも、重力に逆らって立ち上がり、前を向いて最前線で戦っていくことを選ぶのか？

星海社新書の目的は、戦うことを選んだ次世代の仲間たちに「武器としての教養」をくばることです。知的好奇心を満たすだけでなく、自らの力で未来を切り開いていくための〝武器〟としても使える知のかたちを、シリーズとしてまとめていきたいと思います。

2011年9月

星海社新書初代編集長　柿内芳文

SEIKAISHA
SHINSHO